AF359323

# GRAND SUCCÈS DU JOUR !!!

# CHANSONS RÉPUBLICAINES

EN GRANDE PARTIE

## SUR LES FAITS ET LES HOMMES POLITIQUES DE NOTRE ÉPOQUE

Les derniers événements. — Les horreurs de la guerre. — Les malheurs de la France. — La trahison. — La lâcheté. — Les mistères de la religion et le jésuitisme dévoilé. — Les exploiteurs de l'église qui s'intitulent les ministres du Dieu de charité, qui écrivent sur les portes du temple de Jésus-Christ, ces sublimes paroles :

### LIBERTÉ ! ÉGALITÉ ! FRATERNITÉ !

Et qui les traduisent par :

### Iniquité, Fausseté, Crédulité, Judaïsme, Égoïsme, Charlatanisme.

## par BOILEAU

*Ancien Berger à Valencin, canton d'Heyrieux (Isère).*

Réfugié politique à Genève pendant les deux dernières années de l'Empire, après avoir été interdit et poursuivi de toutes parts par la police cléricale des jésuites et les mouchards de l'infâme gouvernement de Bonaparte et compagnie, meurtriers du peuple, assassins de la République et violateurs des lois !

---

## AVERTISSEMENT

Jamais on ne m'a vu sur les bancs de l'école ;
Je fabrique des vers avec un peu de colle,
On bâille en les lisant. S'ils n'ont pas de succès,
C'est que probablement on les trouve mauvais.
Je chante bien souvent, le drame, le lyrique,
Je me permets parfois d'attaquer le comique
Et pour tuer le temps, sans faire des façons,
De ma lyre d'airain j'extrais quelques chansons !..
Mais, si j'en fais souvent dont le style est étrange,
Veuillez me pardonner, car il faut que je mange.
Je rime le matin entre mes deux rideaux !
Lorsque le jour m'éclaire à travers les lambeaux ! !...

BOILEAU.

---

## COLLECTION COMPLÈTE

### Prix 10 c. pièce ou 1 fr. 50 le cahier de 53 chansons.

*Avis.* — Si l'on ne peut s'adresser à l'auteur directement, envoyer la valeur des chansons que l'on désire en timbres-poste, en écrivant simplement à M. Boileau, poète-chansonnier, à Avignon (Vaucluse.)

# AIMABLES LECTRICES ET CHARMANTS LECTEURS

Avant d'entrer en matière, mon devoir est de vous présenter mes civilités respectueuses, mes salutations amicales et mon profond dévouement!...

Maintenant que j'ai fait les trois saluts exigés par les lois de la bienséance et du bon ton, permettez-moi de vous présenter... mes chansons...

Si je me permets d'entonner la trompette de la publicité en les lançant dans le monde, je comprends très bien que ce n'est pas toujours à celui qui fait le plus de bruit que revient la victoire...

Mais depuis la République, toutes les portes leur sont ouvertes, elles ne peuvent donc manquer de faire leur chemin... hélas ! je compte peut-être sans l'orgueil, le despotisme et la tyrannie !

Je pourrai bien réclamer une part dans le triomphe de nos libertés, puisque j'ai chanté des chansons républicaines longtemps avant la République du 4 septembre 1870, ce qui m'a valu pas mal de persécution de la part des mouchards de l'empire et de la police cléricale des jésuites.

J'ai dû forcément me retirer à Genève, où j'ai vécu en pleine liberté... au milieu de ce peuple fraternel, sympathique et bienfaisant qui m'a prodigué des éloges, des félicitations et des applaudissements que je n'ai, certes, pas la prétention d'avoir mérité.

Sans vouloir faire parade des succès qu'on a bien voulu me décerner, je tiens et je suis très heureux de pouvoir constater ici que j'ai été rappelé jusqu'à 15 fois par soirée.

Les dévots traitent mes chansons d'impies. A cet égard, je dois dire que je n'aime pas la religion qui se fait instrument politique et encore moins les prêtres qui l'administrent, en oubliant leur caractère sacré pour en faire un moyen d'exploitation.

Mes croyances passent avant mes intérêts et je ne donne le droit à personne de me conseiller à ce sujet.

Mon humeur indépendante a toujours résisté aux séductions...

J'ai l'approbation des masses, le seul levier qui désormais rende les grandes choses possibles.

Je dois remercier le public en général et les frères en démocratie en particulier, pour le bienveillant accueil et les marques d'intérêt dont ils ne cessent de me combler.

Je dois aussi témoigner ma reconnaissance aux journaux et à leurs rédacteurs, de mon opinion, pour l'appui qu'ils me prêtaient journellement.

Je suis l'ennemi acharné de l'hypocrisie, du fanatisme, de l'intolérance, de la corruption et de l'immoralité.

Je méprise publiquement les français indignes de ce nom, qui n'ont pas rougi en livrant leurs frères et leur patrie aux armées étrangères...

Esprits chagrins qui ne croyez qu'au mal et qui jugez de partis pris d'avance que tout ce qui n'est pas de vous ne vaut rien ; arrière... je n'écris pas pour vous !...

Ma plume, trempée dans l'encrier de la franchise et de la gaîté, ne saurait s'accomoder de votre humeur et ne veut pas essayer de vous convertir, ce serait trop long...

Mais vous, qui le jour, le cœur à l'ouvrage, cherchez, le soir à oublier vos fatigues et vos rudes labeurs, et à retremper pour le lendemain vos forces dans cet oubli, écoutez-moi, je suis de vos amis; après le travail nous nous divertirons ensemble...

Lorsque j'aurai fait mon devoir en suivant toujours le droit chemin et en restant fidèle aux lois de l'honneur et de la probité, si je suis seul de mon avis pour me donner du courage, je me rappellerai cette maxime : « En toutes choses fais ce que tu dois et quelle que soit l'opinion du vulgaire, ne t'en inquiète pas. »

Ma devise est celle-ci : indépendance, loyauté, franchise, humanité, justice, vérité, et pour tous égalité ! !...

VIVE LA RÉPUBLIQUE UNIVERSELLE !

**BOILEAU.**

# CHANSONS DE BOILEAU

## TITRE DES CHANSONS ACTUELLEMENT EN VENTE :

1. La religion du Christ.
2. Ils vendent Jésus-Christ.
3. Le bon roi Henry.
4. Ce que c'est qu'un roi.
5. Ceux que je n'aime pas.
6. A la lanterne.
7. Ce que Dieu n'a pas dit.
8. Pourquoi je suis républicain.
9. Un petit coin.
10. Ce que je ferais.
11. Si j'étais le choléra.
12. Si Jésus-Christ le savait.
13. La République universelle.
14. La vérité.
15. Le sonneur des cloches.
16. Les enfants de la République.
17. C'est de l'or qu'il vous faut.
18. Les capons.
19. Que les cafards sont heureux.
20. La Ganache de Sedan.
21. Quand on n'a pas le sou.
22. Je m'en bats l'œil.
23. La fraternité.
24. L'ouvrier heureux.
25. Versez du vin !
26. Sous les haillons il est de nobles cœurs.
27. Le moment de l'éternité.
28. Béranger au paradis.
29. Le poète exilé.
30. Le chant de la France.

## LES 30 CHANSONS POLITIQUES, RÉPUBLICAINES ET SATIRIQUES

PRIX : 1 Fr. LE CAHIER.

31. Une femme c'est laid.
32. Le pantalon est le maître.
33. Le luxe effréné des femmes.
34. Les femmes de notre époque.
35. Le sauvage.
36. La femme c'est mal fait.
37. Un homme c'est mal fait.
38. Les génisses.
39. Les enfants de la folie.
40. Monsieur Gros.
41. Le nègre siroco.
42. Le roi Couscoussou.
43. Le petit homme doré.
44. Vive la souche.
45. Les filles d'argent.
46. Mes petits oiseaux.
47. Le recoco.
48. L'homme noir.
49. La prière d'un bon vivant.
50. L'homme excentrique.
51. Mon petit instrument.
52. Les effets de la lune.
53. Le Mistiko.

## LA COLLECTION COMPLÈTE

**Prix 1 fr. 50 le cahier de 53 chansons, Politiques, Comiques, etc., etc.**

*AVIS.* — Si l'on ne peut s'adresser à l'auteur directement, envoyer la valeur des chansons que l'on désire en timbres-poste, en écrivant simplement à M. Boileau, poète-chansonnier à Avignon.

Les chansons nouvelles se trouvent toujours dans la collection que l'on achète. Elles sont mises dans les cahiers à mesure qu'elles paraissent et les cahiers ne sont préparés que journellement selon la vente.

*Les artistes et amateurs qui désireraient se procurer la musique, sont priés de s'adresser à l'auteur qui ne fait payer que le prix de la copie et de l'envoi par la poste.*

Avignon. — Imp. adm. GROS frères, rue Géline, 3 et 5.

# CE QUE DIEU N'A PAS DIT

Chanson anti-cléricale, chantée par l'auteur

Paroles et Musique de BOILEAU

Ancien Berger à Valencin, canton d'Heyrieux (Isère).

### I.

Dieu n'a pas dit : ici, sur cette terre,
L'homme sera sans travail et sans pain,
Nul ne viendra soulager sa misère,
Sur un grabat, seul, il mourra de faim.
Il n'a pas dit : vous aurez la prêtraille
Faisant toujours la quête à son profit;
Avec l'aumône ils vont faire ripaille.
Voilà, Messieurs, ce que Dieu n'a pas dit. *(bis.)*

### II.

Dieu n'a pas dit : il faudra faire maigre
Le vendredi, même le lendemain.
En travaillant, vous boirez le vin aigre,
Lorsqu'à la messe ils boiront le bon vin.
Il n'a pas dit : que pendant le carême
De faire gras ce serait interdit,
Et qu'en payant, on mange ce qu'on aime.
Voilà, Messieurs, ce que Dieu n'a pas dit. *(bis.)*

### III.

Dieu n'a pas dit : conservez les reliques
De tous vos saints pour en faire un trésor,
En les montrant à tous vos fanatiques
Vous les vendrez sans peine au poids de l'or,

Il n'a pas dit : sonnez les grosses cloches
Uniquement pour les gens en crédit,
Et non pour ceux qui n'ont rien dans leurs poches
Voilà, Messieurs, ce que Dieu n'a pas dit (*bis*.)

## IV.

Dieu n'a pas dit : que les pères jésuites
Sans travailler, vivraient en fainéants,
Et qu'on aurait ces cagots en lévites
Pour tout instruire et nous et nos enfants.
Il n'a pas dit : au pauvre la besace;
Le malheureux par lui n'est pas maudit.
Et que là-haut nous n'aurions pas de place
Voilà, Messieurs, ce que Dieu n'a pas dit (*bis*.)

## V.

Dieu n'a pas dit : enfants, je vous ordonne
De dévoiler tous les secrets du cœur,
Si vous voulez que le pape pardonne
Il faut tout dire à votre confesseur.
Il n'a pas dit : faites des révérences
A ces cafards vendeurs de Saint-Esprit,
Qui font trafic avec les indulgences.
Voilà, Messieurs, ce que Dieu n'a pas dit (*bis*.)

## VI.

Dieu n'a pas dit : allons, prenez les armes,
Pour un manant il faut tout saccager !
Qu'importe à vous si l'on verse des larmes !
Un roi l'ordonne, il faut vous égorger.
Il n'a pas dit : que pour une canaille
Pour le caprice, en un mot, d'un bandit
Vous tomberez, soldats, sous la mitraille.
Voilà, Messieurs, ce que Dieu n'a pas dit (*bis*).

CHANSONS RÉPUBLICAINES DE BOILEAU

DÉDIÉES ET PUBLIÉES SOUS LE PATRONAGE

Du grand poète **V. Hugo** et l'illustre général **Garibaldi.**

# LA RELIGION DU CHRIST

Chanson anti-cléricale, chantée par l'auteur

## Paroles et Musique de BOILEAU

Ancien Berger à Valencin, canton d'Heyrieux (Isère).

Air : *L'honneur et l'argent* (Pourny).

### I.

Cagots, écoutez tous, vous les marchands du temple,
Qui faites de l'église un éternel comptoir,
Vous êtes ici-bas pour nous servir d'exemple,
Et vous ne faites pas même votre devoir.
Des saintes lois de Dieu vous n'en suivez aucune,
En disant *Oremus* et *Benedicite*,
Vous rêvez les grandeurs, les honneurs, la fortune, } *bis.*
Jésus-Christ, fils de Dieu rêvait la pauvreté...

### II.

Vous ne respectez rien de tout ce qu'on respecte,
Vous fuyez sans remords l'honnête homme indigent.
Tartufe, vous flattez la fortune suspecte,
Vous n'adorez qu'un Dieu : c'est le Dieu de l'argent !
Vous vendez le sépulcre et le drap mortuaire,
Vous vendez ce qu'on doit donner à tout chrétien.
Vous vendez vos sermons, vous vendez la prière, } *bis.*
Jésus-Christ, fils de Dieu ne vendait jamais rien.

### III.

Dans la maison de Dieu vous faites des grimaces !
Avec la larme à l'œil, la gaîté dans vos cœurs,

Vous faites en tous lieux pour égarer les masses
Le signe de la croix ! O grands inquisiteurs...
Vous prêchez l'abstinence en faisant le contraire,
Vous avez pour sortir voitures de gala,
Vous êtes : cardinal, évêque, grand-vicaire !... } *bis.*
Jésus-Christ, fils de Dieu n'était pas tout cela... }

## IV.

Depuis longtemps déjà sur vous la foudre gronde,
Dieu de votre conduite est des plus mécontent.
Ne croyez pas toujours pouvoir mener le monde,
Et faire, à volonté, la pluie et le beau temps.
De toute chose ici vous voulez être maître,
Vous vivez en seigneurs, grâce à tous vos exploits,
La mort vient vous trouver au milieu du bien-être, } *bis.*
Jésus-Christ, fils de Dieu mourut sur une croix. }

## V.

Calotins à vous seuls vous faites une espèce,
Vous êtes noirs dehors, vous êtes noirs dedans,
Et vous allez partout battant la grosse caisse
Pour attirer les sots, pour tromper les croyants.
A Paris, à Berlin, à Londres, à Rome, à Sparte,
Jusque chez les Chinois partout on vous connaît.
Vous avez soutenu l'infâme Bonaparte ! } *bis.*
Jésus-Christ, fils de Dieu, lui ne l'aurait pas fait. }

## VI.

Prêtres, hiboux, béats qui marchez en arrière,
Valets, vous dont les chefs apprennent à plier,
Votre échine servile appelle l'étrivière,
Vous êtes fait pour vivre au même ratelier.
Encenseurs de tyrans, de règnes monarchiques,
Vassaux obéissants à chaque souverain.
Gredins, vous insultez toujours la République } *bis.*
Et pourtant Jésus-Christ était Républicain !!... }

Avignon. — Impr. Gros frères.

# CHANSONS RÉPUBLICAINES DE BOILEAU

DÉDIÉES ET PUBLIÉES SOUS LE PATRONAGE

**Du grand poëte V. Hugo et l'illustre général Garibaldi.**

## SI JÉSUS-CHRIST LE SAVAIT

Chanson anti-cléricale, chantée par l'auteur

Paroles et Musique de BOILEAU

Ancien Berger à Valencin, canton d'Heyrieux (Isère).

**Troisième édition revue et corrigée.**

### I.

On nous fait croire aujourd'hui, dans l'église,
Que pour avoir un petit coin au ciel,
Il faut payer lorsque l'on nous baptise;
Il faut payer, c'est un ordre formel.
Il faut payer, à chaque ministère,
Pour le mourant et pour l'enfant qui naît;
Il faut payer, quand on nous porte en terre;
Ah! si jamais Jésus-Christ le savait! (*bis.*)

### II.

Le Fils de Dieu, pour prêcher la morale,
Marchait pieds nus tout comme un indigent;
Mais, aujourd'hui, la troupe cléricale,
Porte un habit couvert d'or et d'argent.
Sur les autels, avec magnificence,
Les vases d'or s'étalent à souhait;
Jusqu'au Saint-Lieu nous voyons l'opulence;
Ah! si jamais Jésus-Christ le savait! (*bis.*)

### III.

D'un gros richard, ce sont les funérailles,
Entendez-vous chanter *Alleluia*!

Tout le clergé rassemble ses ouailles,
Car, pour chanter, bien cher on le paya !
D'un malheureux, quand vient l'heure dernière,
Sur ces débris que chacun méconnaît,
On balbutie un semblant de prière;
Ah ! si jamais Jésus-Christ le savait ! (*bis*.)

### IV.

C'est défendu, de par l'Être suprême,
De faire gras; ces Messieurs nous l'ont dit,
Si vous payez pendant tout le Carême,
De faire gras ce n'est pas interdit.
Soir et matin ils prêchent l'abstinence;
Mais, quand je veux manger ce qui me plait,
Pour de l'argent j'obtiens une dispense;
Ah ! si jamais Jésus-Christ le savait ! (*bis*.)

### V.

Le Temple Saint s'exploite avec audace,
Car la prière est vendue à tout prix;
Comme au concert, ils font payer la place,
Pour un sermon devant le crucifix.
Bien rarement de leurs mains on échappe !
Avec de l'or, le ciel on nous promet.
Nous les voyons mendier pour le pape :
Ah ! si jamais Jésus-Christ le savait ! (*bis*.)

### VI.

Le Christ a dit : que tout homme soit frère.
Et chaque jour on livre des combats,
Napoléon, dans une horrible guerre,
A lâchement vendu tous nos soldats;
Devant la Prusse, il a mis bas les armes;
Le traître un jour, subira son forfait;
Bien des français versent encore des larmes.
Ah ! si jamais Jésus-Christ le savait ! (*bis*.)

Avignon. — Impr. Gros frères.

# CHANSONS RÉPUBLICAINES DE BOILEAU

DÉDIÉES ET PUBLIÉES SOUS LE PATRONAGE

**Du grand poète V. Hugo et l'illustre général Garibaldi.**

## C'EST DE L'OR QU'IL VOUS FAUT

Chanson anti-cléricale, chantée par l'auteur

### Paroles et Musique de BOILEAU

Ancien Berger à Valencin, canton d'Heyrieux (Isère).

AIRS : *Quand on a pas le sou* (BOILEAU) *et de : La chasse aux pièces de cent sous* (POURNY).

### I.

Faut-il vous rappeler Jésus passant sa vie
A prêcher la douceur, la paix, la modestie,
L'aumône, le pardon, l'amour, l'espoir en Dieu,
Et toutes les vertus dont le Pape a si peu ?
Il ne voulut jamais dans son humble existence
Qu'on lui donnât les noms de Grandeur, d'Éminence.
Il vécut pauvrement : c'est la loi du Très-Haut ;
Mais, prêtres d'aujourd'hui, c'est de l'or qu'il vous faut !

### II.

Vous réclamez de l'or en servant la pratique,
Votre église vous sert à présent de boutique ;
De tout, sans hésiter, vous faites un trafic,
Pour attraper l'argent de ce pauvre public.
Tout bas vous nous traitez de mauvaise canaille ;
Cessez vos faux discours que tout un peuple raille ;
En nous parlant latin, vous nous parlez l'argot,
Nous n'y comprenons rien : c'est de l'or qu'il vous faut !

### III.

Rien n'est sacré pour vous, tout vous est marchandise,
Car nous ne pouvons pas entrer dans votre église

Sans donner de l'argent, sans payer pour s'asseoir,
Payer pour voir le Christ, l'autel est un comptoir;
Pendant que de Jésus on songe à la misère,
Dans la maison de Dieu vous vendez la prière,
Oraisons, messes, croix et sans payer l'impôt,
Vous vendez à tout prix : c'est de l'or qu'il vous faut.

### IV.

Tremblez, prêtres du pape, ô race de vipères !
Vous voulez nous tromper comme on trompa nos pères.
Hypocrites parés du beau nom de chrétiens,
Vous vous croyez encore au siècle des païens.
Vous paraissez avoir, pour tous, de l'indulgence,
Vos lèvres sont de miel ! mais c'est de l'insolence !
Car votre bouche ment... comme ment un bigot !
Votre cœur est de fiel !... c'est de l'or qu'il vous faut !

### V.

Pour manger ce qu'on veut pendant tout le carême, .
Il nous faut un permis signé du pape même,
A Rome on vend de tout aux vivants comme aux morts,
Et pour aller au ciel on vend des passe-ports.
Allons ! sans plus tarder, cafards, prenez la fuite,
Tout le monde connaît votre étrange conduite.
Vous prenez le chrétien pour un pauvre nigaud,
Car pour adorer Dieu, c'est de l'or qu'il vous faut !

### VI.

On voit régner chez vous l'orgueil et l'avarice,
Vous vendez du bon Dieu le pardon, la justice !
Chaque jour sans rougir vous empochez l'argent
Que les cœur généreux donnent pour l'indigent.
Vous vendez de la Vierge une faveur banale,
A la fille sans mœurs vous vendez la morale;
Le riche, le fripon, l'hypocrite, le sot,
Sont vos meilleurs amis : c'est dé l'or qu'il vous faut !

Avignon. — Impr. Gros frères.

# CHANSONS RÉPUBLICAINES DE BOILEAU

DÉDIÉES ET PUBLIÉES SOUS LE PATRONAGE

Du grand poète V. Hugo et l'illustre général Garibaldi.

## CEUX QUE JE N'AIME PAS

Chanson satirique, chantée par l'auteur

Paroles et Musique de BOILEAU

Ancien Berger à Valencin, canton d'Heyrieux (Isère).

### I.

Ecoutez-moi : Je veux faire connaître,
Sans hésiter, ceux que je n'aime pas !
Dans un instant, vous me croirez peut-être,
Je ne suis pas un faiseur d'embarras.
Dans l'opulence ou bien dans la misère,
En regardant du haut jusques en bas,
Tous les vauriens qui sont sur cette terre,
Voilà, Messieurs, ceux que je n'aime pas !

### II.

Je n'aime pas la créature infâme,
Qui fait ici métier de l'impudeur,
Non, non, jamais, je n'appellerais femme
L'être qui vit du fruit du déshonneur.
Et celle aussi qui bien trop souvent donne
A son mari des baisers de Judas.
Bien moins que l'autre il faut qu'on la pardonne,
Voilà, Messieurs, ceux que je n'aime pas !

### III.

Je n'aime pas tous ces tas de jésuites
Adorant l'or, prêchant la pauvreté;
Devant l'autel, ils font les hypocrites;
Pour la sottise et l'imbécilité.

Ils suivent bien les préceptes du pape,
Malgré le jeûne on les voit tous très-gras,
Leurs beaux discours sont toujours une attrape,
Voilà, Messieurs, ceux que je n'aime pas !

## IV.

Je n'aime pas tous ces Bonapartistes
Qui nous ont fait sauter comme un pantin.
Empereurs, rois, papes, et monarchistes,
Ces êtres-là, c'est la bande à Mandrin.
Tous ces Français qui se sauvaient de France
Quand la Patrie était dans l'embarras,
Tous ces sabreurs, ces rois de l'ignorance,
Voilà Messieurs, ceux que je n'aime pas !

## V.

Je n'aime pas ni Bismark ni Guillaume,
Massacrant tout par la grâce de Dieu,
Pour agrandir chaque jour leur royaume,
A leurs valets ils commandent le feu.
Je pleure, hélas ! les victimes des guerres,
Ceux qui sont morts de misère là-bas.
Je voudrais voir leurs bourreaux aux galères,
Voilà, Messieurs, ceux que je n'aime pas !

## VI.

Je n'aime pas ce traître de Bazaine,
Livrant l'armée et puis Metz aux Prussiens.
Vite du fer pour forger une chaine,
Qui doit servir aux voleurs de nos biens.
Napoléon est de tous le plus lâche,
Il a vendu la France et ses soldats,
Nous connaissons aujourd'hui notre tâche,
Voilà, Messieurs, ceux que je n'aime pas !

Avignon. — Impr. Cros frères.

# CHANSONS RÉPUBLICAINES DE BOILEAU

DÉDIÉES ET PUBLIÉES SOUS LE PATRONAGE

**Du grand poëte V. Hugo et l'illustre général Garibaldi.**

# ILS VENDENT JÉSUS-CHRIST

Chanson anti-cléricale, chantée par l'auteur

Paroles et Musique de BOILEAU

Ancien Berger à Valencin, canton d'Heyrieux (Isère).

AIRS : *Quand on a pas le sou* (BOILEAU) *et de : La chasse aux pièces de cent sous* (POURNY).

## I.

Les fils de Loyola s'abreuvent d'amertumes,
Pour insulter le juste, ils ont divers costumes
Représentant Judas. Ces tartufes nouveaux,
Portent pour se cacher, le masque des dévots.
L'église du bon Dieu sert toujours de buvette,
Pour se laver les mains ils trouvent la cuvette,
Comptant sur l'ignorance et les pauvres d'esprit,
Ils vendent Jésus-Christ ! Ils vendent Jésus-Christ !

## II.

Les âmes sont pour eux des bourses et des banques,
Exploitant riche et pauvre, on voit ces saltimbanques,
Bénissant et le juste avec les assassins,
Et de l'antiquité parodiant les saints.
On les trouve partout, dans toutes les cavernes,
Pitres, dévôts, marchands d'infâmes balivernes,
Avec celui qui pleure, avec celui qui rit,
Ils vendent Jésus-Christ ! Ils vendent Jésus-Christ !

## III.

Pour attirer les sots, pour charmer les bigotes,
Ces grimauds dépravés vont faire des ribotes,

Avec leurs sacristins, avec leurs marguilliers,
Et dans les temples saints ébranlent les piliers.
Ils disent : je suis saint, ange, vierge et jésuite,
Et quand ils ont trempé leurs doigts dans l'eau bénite
Pour faire de l'argent avec le Saint-Esprit,
Ils vendent Jésus-Christ ! Ils vendent Jésus-Christ !

### IV.

Tous ces vils brocanteurs mériteraient la verge,
Parce qu'ils vont partout vendant la Sainte-Vierge.
Ils ont pour l'indigent des miracles d'un sou,
Ils en ont à tous prix sortant on ne sait d'où.
Bateleurs de l'autel, ces valets de Caïfe,
Se font les mendiants de leur divin pontife,
En nous disant voyez la bible : c'est écrit !
Ils vendent Jésus-Christ ! Ils vendent Jésus-Christ !

### V.

Ils ont pendant vingt ans soutenu ce féroce,
Celui qui fit tuer le peuple à coups de crosse,
Ce mandrin qu'on nomma Napoléon dernier,
Qui se lavait les mains dans l'eau du bénitier !
Du grand républicain ils vendent le martyre,
Ils vendent aux croyants ses larmes, son sourire,
A cette femme en pleurs la veuve d'un proscrit,
Ils vendent Jésus-Christ ! Ils vendent Jésus-Christ !

### VI.

Ces prêtres pour avoir des palais, des carrosses,
Pour boire le bon vin et pour dorer leurs crosses,
Pour faire un bon repas assis près d'un bon feu,
Pour avoir des honneurs, ils vendent le bon Dieu.
Ils vendent la prière à la nature morte,
Comme du paradis le droit d'ouvrir la porte;
C'est de tous nos chagrins que leur bonheur fleurit,
Ils vendent Jésus-Christ ! Ils vendent Jésus-Christ !

Avignon. — Impr. Gros frères.

CHANSONS REPUBLICAINES DE BOILEAU
Dédiées et publiées sous le patronage
Du grand poète V. HUGO et de l'illustre général GARIBALDI

*Toutes les Chansons sont en vente*
PRIX: 10 centimes pièce ou 1 franc 50 le volume complet.
Ecrire simplement à M. BOILEAU, poète-chansonnier, à Avignon.

# A BAS LA ROYAUTÉ !

**Chanson Républicaine.**

PAROLES ET MUSIQUE DE BOILEAU.

Ancien Berger à Valencin, canton d'Heyrieux (Isère).

### I.

A bas la royauté! c'est le cri de vengeance,
Que toute nation fait partout retentir.
L'esclave et l'opprimé rêvent leur délivrance,
Et pour briser leurs fers, ils jurent de mourir!
Qu'ils tremblent tous, ces rois couronnés d'infamie,
Devant le fier drapeau de notre liberté.
Le peuple souverain chasse la tyrannie
Vive la République! A bas la royauté!

### II.

A bas la royauté qu'en tous lieux chacun raille ;
A bas ces souteneurs d'Empereurs et de Rois,
Ces journaux insulteurs, toute la valetaille,
Comme le *Figaro*, l'*Univers*, le *Gaulois*,
Et bien d'autres encor: La *Gazette de France*
Où l'on voit le mensonge et l'imbécilité!
Guerre à tous ces cafards qui prêchent l'ignorance.
Vive la République ! A bas la royauté !

### III.

A bas la royauté, règne du privilége,
Où l'on dicte des lois au milieu d'un festin,
Pendant que nous voyons les pieds nus dans la neige
Des gens prêts à mourir et de froid et de faim !
L'humble démocratie abolit le servage,
Elle admet dans son sein richesse ou pauvreté,
Avec lui le monarque apporte l'esclavage.
Vive la République ! A bas la royauté !

### IV.

A bas la royauté qui traite de canaille
Les hommes de progrès, tous les républicains;
Voyez donc ces soldats le jour d'une bataille
Tous prêts à s'égorger pour plaire au souverain.
Allons ! tuez-vous donc pour votre roi qui tremble,
Vous devez obéir à sa férocité !
Nous qui voulons la paix, fraternisons ensemble.
Vive la République ! A bas la royauté !

### V.

A bas la royauté ! Vive les droits de l'homme !
A bas les courtisans, vassaux et serviteurs.
A bas les faux dévots et tous ceux que l'on nomme
Tartufes, rénégats, valets et vils flatteurs.
A bas tous les capons, les lâches et les traîtres,
Bonaparte et sa bande et la servilité !
Les peuples aujourd'hui ne veulent plus de maîtres.
Vive la République ! A bas la royauté !

# CHANSONS REPUBLICAINES DE BOILEAU

Dédiées et publiées sous le patronage

Du grand poète V. HUGO et de l'illustre général GARIBALDI

*Toutes les Chansons sont en vente*

**PRIX : 10 centimes pièce ou 1 franc 50 le volume complet.**

Ecrire simplement à M. BOILEAU, poète-chansonnier, à Avignon.

# LES CAPONS

Chanson comico-satirique, chantée par l'auteur

## PAROLES ET MUSIQUE DE BOILEAU

Ancien Berger à Valencin, canton d'Heyrieux (Isère).

### 3ᵐᵉ Edition revue et corrigée

1.  Un certain jour je cherchais dans ma tête
    Un bon sujet pour faire une chanson ;
    Je n'ai trouvé qu'une chose fort bête
    Que je m'en vais vous dire sans façon :
    L'homme, la femme, et le ciel et la terre,
    On a parlé de tout dans tous les tons ;
    Messieurs, ce soir, moi je voudrais vous plaire
    En chantant les capons ! (*bis*).

2.  C'est un capon qui chaque jour caponne
    Pour un capon qui le fait caponner ;
    Mais ces gens-là, qu'ici Dieu me pardonne,
    On devrait bien les faire bâtonner.
    Il faut mourir, l'éternité s'approche,
    Ça m'est égal, moi qui n'ai rien de bon ;
    Mais quand on a de l'argent dans sa poche,
    C'est là qu'on est capon ! (*bis*).

3.  Un grand capon adore une coquette ;
    Pour réussir, il se traîne à genoux.
    Puisqu'on vous prend pour une marionnette,
    Tournez, capons, sautez comme des fous.
    Les vrais capons sont quelquefois utiles,
    Quand du beau sexe ils sont les Céladons ;
    Mais c'est surtout parmi les imbéciles
    Qu'on trouve des capons ! (*bis*).

4.  C'est un capon qui fait une bassesse
    En épousant sa maîtresse aujourd'hui ;
    Celui qui vient nous vanter sa paresse
    Est à mes yeux aussi capon que lui.
    Le paysan qui jamais ne repose,
    Les ouvriers, dont les bras sont féconds ;
    Tous les Français qui sont morts pour leur cause,
        Ne sont pas des capons ! (*bis*).

5.  Que de capons parmi les diplomates ;
    Que de capons dans un gouvernement ;
    En regardant chez les aristocrates
    Plus d'un capon se trouve également.
    La France enfin va renaître à la vie ;
    Elle a chassé tous les Napoléons ;
    Depuis vingt ans, elle était avilie
        Par un tas de capons (*bis.*)

6.  Je voudrais loin d'ici les hypocrites
    Les faux dévots et tous les sacristains ;
    Les capucins, les marchands d'eaux bénites,
    Et les bedeaux et les ignorantins ;
    Empereurs, rois, la bande monarchique,
    Tous ces gens-là ne sont que des poltrons,
    Les défenseurs de notre République,
        Ne sont pas des capons ! (*bis*).

7.  Autour d'un grand, un capon papillonne
    Pour obtenir des places, des honneurs ;
    En le payant, le sonneur carillonne
    Pour des capons, honnêtes ou voleurs.
    Comme le Christ, nul n'est aussi modeste ?
    Car on nous vend tout, jusqu'à des sermons ;
    En prenant Dieu sur terre pour prétexte
        Et nous pour des capons ! (*bis*).

8.  L'auteur, Messieurs, qui vient d'avoir l'audace
    De composer ces différents couplets ;
    Assurément ferait bien la grimace
    Si pour accueil il avait des sifflets ;
    Mais, d'un capon je ne vois pas la tête,
    Pas un ce soir n'est ici j'en réponds ;
    Pourtant si l'on sifflait ma chansonnette
        Ce serait des capons ! (*bis*).

CHANSONS RÉPUBLICAINES DE BOILEAU
Dédiées et publiées sous le patronage
Du grand poète V. HUGO et de l'illustre général GARIBALDI

*Toutes les Chansons sont en vente*
**PRIX : 10 centimes pièce ou 1 franc 50 le volume complet.**
Ecrire simplement à M. BOILEAU, poète-chansonnier à Avignon.

# UN PETIT COIN

Chanson satirique chantée par l'auteur

## PAROLES ET MUSIQUE DE BOILEAU

Ancien Berger à Valencin, canton d'Heyrieux (Isère).

**4ᵐᵉ Edition revue et corrigée**

### I.

Un petit coin ne peut suffire
A tous ces gros ambitieux,
Ils voudraient la terre et les cieux,
Tout cela pour faire un empire.
Près de Maria, Paul est très bien,
Car c'est l'amant le plus fidèle,
Il ne demanderait plus rien,
S'il avait pour vivre avec elle,
Un petit coin, un petit coin !

### II.

Un petit coin est agréable
Pour passer de joyeux instants,
Quand on est entre bons vivants,
On ne quitterait plus la table,
Le vrai bonheur vous tend les bras
Sans étiquette et sans mystère,
Lorsqu'on peut faire un bon repas,
On est heureux sur cette terre
D'un petit coin, d'un petit coin !

### III.

Un petit coin chez une femme,
Lorsque l'on est l'ami du cœur,
Fait le délice et le bonheur.
Je le jure ici sur mon âme.
Mais si l'époux rentre soudain,
Quand vous êtes chez l'infidèle,
La femme, cet esprit malin,
Pour vous cacher, elle a chez elle
Un petit coin, un petit coin !

### IV.

Un petit coin au cimetière
N'est pas assez pour l'opulent,
Il veut un vaste logement,
Même quand il n'est plus sur terre,
Mais l'homme bon, mais l'homme humain,
Que chacun regrette à la ronde,
Que lui ferait un grand terrain,
Il est content pour l'autre monde
D'un petit coin, d'un petit coin !

### V.

Un petit coin est très-utile
Pour l'homme errant et sans crédit,
Pour l'exilé, pour le proscrit,
Qui cherche en vain un domicile.
Pendant vingt ans Napoléon
Sur nous exerça sa furie.
Les prussiens à coups de canon
Voulaient prendre notre patrie,
Sans nous laisser un petit coin !

### VI.

Un petit coin sur notre carte,
Même en prison serait trop beau.
Des lâches soyons le bourreau.
Pas de pitié pour Bonaparte,
Tous ces vils Napoléoniens,
Les jésuites et les faux prêtres,
Guillaume, Bismark, les Prussiens.
Je voudrais avec tous ces traîtres
Me trouver dans un petit coin !

# LA GANACHE DE SEDAN
Chanson historique
## DE BADINGUET LE SÉDANTAIRE
### Roi des Capitulards
**PAROLES ET MUSIQUE DE BOILEAU**
Ancien Berger à Valencin, canton d'Eyrieux (Isère).

2ᵐᵉ Edition.

### I.

Un jour partant pour la frontière,
Le grand, l'illustre Badinguet,
Croyait d'aller faire la guerre
A la Prusse qui l'attendait.
Je veux, dit-il, que tout le monde
Se courbe sous mon bras puissant,
Pourvu que le bœuf me seconde,
On peut triompher en *s'aidant!*...

Refrain.

C'est la ganache de Sedan !
Le plus grand lâche de la terre,
C'est Badinguet le Sédantaire,
Ancien mouchard en Angleterre.
C'est la ganache de Sédan !...

### II.

Dans une terrible mêlée
Tout à coup Badinguet survient,
On le voit tirer son épée,
C'est pour la remettre au Prussien.
Il nous a plongés dans l'abîme,
C'est le plus vil des chenapans,
Et je crois que son dernier crime
S'accorde avec les *précédents* !...

### III.

Olivier, *son* dernier ministre,
*Ses* députés, *ses* sénateurs,
Savent très bien qu'il n'est pas cuistre,
Et sont encor *ses* serviteurs.
*Ses* mouchards et *sa* valetaille,
Qui l'on *servi* pendant vingt ans,
Pour emprisonner... la canaille,
On connaît ses anté*cédents* !

### IV.

Dessous les habits de ce Corse
On ne trouve rien qu'un bandit;
Ils sont tous de la même force
Et la mère vaut le petit.
Vieilli dans le crime et l'astuce,
En guerre il n'était pas méchant,
Pour aller faire un tour en Prusse
Il s'est laissé prendre en *cédant*.

### V.

Voler est toute sa science,
C'est un Mandrin intelligent,
Il a voulu perdre la France
En livrant peuple, honneur, argent :
Pendant que *sa* bande affamée
Vivait bien chez les Allemands,
De la France on voyait l'armée
Qui n'avait rien entre *ses dents*.

### VI.

Au pilori de l'infâmie
Son nom est cloué désormais,
Et toute *sa race* est bannie
Du sol qui s'appelle Français.
Un jour si l'on venait encore
Nous présenter *son descendant*,
Nous dirions d'une voix sonore
Allons donc !... c'est de l'ex*cédant*.

CHANSONS RÉPUBLICAINES DE BOILEAU

Dédiées et publiées sous le patronage

Du grand poëte V. HUGO et de l'illustre général GARIBALDI

_Toutes les Chansons sont en vente_

PRIX : 10 centimes pièce ou 1 franc 50 le volume complet.

Écrire simplement A M. BOILEAU, poëte-chansonnier à Avignon.

# LA VÉRITÉ

Chanson satirique, chantée par l'auteur

PAROLES ET MUSIQUE DE BOILEAU

Ancien Berger à Valencin, canton d'Eyrieux (Isère).

4me Edition revue et corrigée

## I.

La vérité, dit-on, ne doit se dire :
Mais moi je veux, pour la sécurité,
De l'être humain qui sous les cieux respire,
Dire sans crainte ici la vérité.
La calomnie est chose criminelle,
Et le mensonge est une lâcheté ;
On ne voit pas un ami bien fidèle,
Voilà Messieurs, voilà la vérité ! (*bis.*)

## II.

La vérité, cette grande lumière,
Que Dieu nous donne à tous, petits et grands,
Doit préserver le sage sur la terre
Et des fripons et des vils intrigants.
Le faux dévot ne cesse de nous dire
Que par bon cœur il fait la charité ;
Devant sa porte un indigent expire,
Voilà, Messieurs, voilà la vérité ! (*bis*).

### III.

Voyez ces gens que la misère accable :
Ils vont mourir et de froid et de faim...
Donnez au moins les restes de la table,
Riches heureux vous avez trop de pain !
En char doré voyez cette opulence,
Quand les pieds nus marche la pauvreté..
Mais la mort vient : l'égalité commence ;
Voilà, Messieurs, voilà la vérité ! (*bis*).

### IV.

J'entends les clefs que le geôlier agite,
Car du malheur c'est là-bas la maison.
Je viens d'avoir d'un ami la visite
Qu'un créancier fait conduire en prison;
Sa femme est là... quatre enfants en bas-âge,
Réduits, hélas ! à la mendicité !
Leur avenir, c'est le vagabondage !
Voilà, Messieurs, voilà la vérité ! (*bis*).

### V.

Faut-il parler de cette horrible guerre,
Où nos soldats sont morts en combattant ?
Du roi de Prusse ou bien de son bon frère
Napoléon, le traître de Sédan ?
Nous devons tous ici crier vengeance,
Mort à l'auteur de cette lâcheté;
Il a vendu les Français et la France,
Voilà, Messieurs, voilà la vérité ! (*bis*).

CHANSONS REPUBLICAINES DE BOILEAU
Dédiées et publiées sous le patronage
Du grand poète V. HUGO et de l'illustre général GARIBALDI

*Toutes les Chansons sont en vente*
**PRIX : 10 centimes pièce ou 1 franc 50 le volume complet.**
Ecrire simplement à M. BOILEAU, poète-chansonnier à Avignon.

# LE SONNEUR DE CLOCHES

Chanson comico-satirique, chantée par l'auteur

## PAROLES ET MUSIQUE DE BOILEAU

Ancien Berger à Valencin, canton d'Heyrieux (Isère).

### 2me Edition revue et corrigée

### I.

Moi, je suis le meilleur des apôtres ;
Je suis le modèle des sonneurs ;
Je sonne pour les uns et les autres,
Pour la joie et pour tous les malheurs.

#### REFRAIN.

Et digue din don
Digue digue digue don.
Je suis, sans reproches
Le sonneur de cloches.
Et digue din don
Digue digue digue don.
C'est moi qui fait marcher le bourdon.
Écoutez le carillon !
Digue digue digue digue din don.

### II.

Un jour, ne voyant venir personne,
Je voulais prendre un peu d'agrément.
Mais mon curé m'a dit : Carillonne.
On vient de me payer largement.

### III.

En avant les cloches, c'est l'usage,
Soit baptême, soit enterrement,
J'aime à sonner pour un mariage,
Quand l'épouse a le minois charmant.

### IV.

Je n'aime pas la race maudite,
De Tartufe et de tous ces gens là,
Et je déteste l'homme hypocrite
Comme on déteste le choléra.

### V.

Des peuples quand viendra l'alliance.
Moi, je veux sonner avec ardeur
Comme pour les enfants de la France,
Qui sont morts là-bas au champ d'honneur.

### VI.

Si la France verse encor des larmes.
Si les Prussiens sont chez nous demain,
Pour appeler tout le peuple aux armes,
On me verra sonner le tocsin.

### VII.

S'il le faut pour notre République,
Je sonnerais jusqu'à mon trépas,
Mais pour Bonaparte et pour sa clique,
Pour ces traîtres, je ne sonne pas.

Avignon.— Imp. Gros frères.

# CHANSONS RÉPUBLICAINES DE BOILEAU

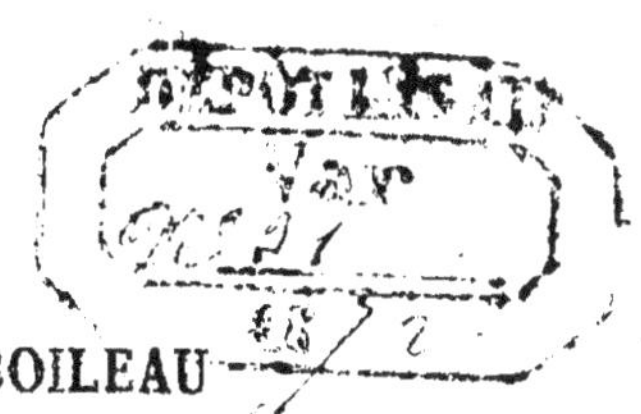

Dédiées et publiées sous le patronage

Du grand poète V. HUGO et de l'illustre général GARIBALDI

*Toutes les Chansons sont en vente*

PRIX : 10 centimes pièce ou 1 franc 50 le volume complet

Écrire simplement à M. BOILEAU, poète-chansonnier, à Avignon.

# Ce que Dieu n'a pas dit

Chanson anti-cléricale, chantée par l'auteur,

PAROLES ET MUSIQUE DE BOILEAU

Ancien Berger à Valencin, canton d'Heyrieux (Isère).

4º Édition, revue et corrigée.

## I.

Dieu n'a pas dit : ici, sur cette terre,
L'homme sera sans travail et sans pain,
Nul ne viendra soulager sa misère,
Sur un grabat seul, il mourra de faim.
Il n'a pas dit : vous aurez la prêtraille
Faisant toujours la quête à son profit ;
Avec l'aumône ils vont faire ripaille.
Voilà, Messieurs, ce que Dieu n'a pas dit. (*bis*).

## II.

Dieu n'a pas dit : il faudra faire maigre
Le vendredi, même le lendemain.
En travaillant, vous boirez le vin aigre,
Lorsqu'à la messe ils boiront le bon vin.
Il n'a pas dit : que pendant le carême
De faire gras ce serait interdit,
Et qu'en payant, on mange ce qu'on aime,
Voilà, Messieurs, ce que Dieu n'a pas dit. (*bis*).

### III.

Dieu n'a pas dit : conservez les reliques
De tous vos saints pour en faire un trésor,
En les montrant à tous vos fanatiques
Vous les vendrez sans peine au poids de l'or,
Il n'a pas dit : sonnez les grosses cloches
Uniquement pour les gens en crédit,
Et non pour ceux qui n'ont rien dans leurs poches.
Voilà, Messieurs, ce que Dieu n'a pas dit. (*bis*).

### IV.

Dieu n'a pas dit : que les pérés jésuites
Sans travailler, vivraient en fainéants,
Et qu'on aurait ces cagots en lévites
Pour tout instruire et nous et nos enfants.
Il n'a pas dit : au pauvre la besace;
Le malheureux par lui n'est pas maudit.
Et que là-haut nous n'aurions pas de place.
Voilà, Messieurs, ce que Dieu n'a pas dit. (*bis*).

### V.

Dieu n'a pas dit : enfants, je vous ordonne
De dévoiler tous les secrets du cœur,
Si vous voulez que le pape pardonne
Il faut tout dire à votre confesseur.
Il n'a pas dit : faites des révérences
A ces cafards vendeurs de Saint-Esprit,
Qui font trafic avec les indulgences.
Voilà, Messieurs, ce que Dieu n'a pas dit. (*bis*).

### VI.

Dieu n'a pas dit : allons, prenez les armes,
Pour un manant il faut tout saccager!
Qu'importe à vous si l'on verse des larmes !
Un roi l'ordonne, il faut vous égorger.
Il n'a pas dit : que pour une canaille,
Pour le caprice, en un mot, d'un bandit,
Vous tomberez, soldats, sous la mitraille.
Voilà, Messieurs, ce que Dieu n'a pas dit. (*bis*)

# La Religion du Chris,

Chanson anti-cléricale, chantée par l'auteur,

## PAROLES ET MUSIQUE DE BOILEAU

Ancien Berger à Valencin, canton d'Heyrieux (Isère).

### 3ᵉ Edition.

Air : *l'Honneur et l'argent* (POURNY).

### I.

Cagots, écoutez tous, vous les marchands du temple,
Qui faites de l'église un éternel comptoir,
Vous êtes ici-bas pour nous servir d'exemple,
Et vous ne faites pas même votre devoir.
Des saintes lois de Dieu vous n'en suivez aucune,
En disant *Oremus* et *Benedicite*,
Vous rêvez les grandeurs, les honneurs, la fortune,  }
Jésus-Christ, fils de Dieu, rêvait la pauvreté...  } *bis.*

### II.

Vous ne respectez rien de tout ce qu'on respecte,
Vous fuyez sans remords l'honnête homme indigent.
Tartufes, vous flattez la fortune suspecte,
Vous n'adorez qu'un Dieu : c'est le Dieu de l'argent !
Vous vendez le sépulcre et le drap mortuaire,
Vous vendez ce qu'on doit donner à tout chrétien.
Vous vendez vos sermons, vous vendez la prière,  }
Jésus-Christ, fils de Dieu, ne vendait jamais rien.  } *bis.*

### III.

Dans la maison de Dieu vous faites des grimaces !
Avec la larme à l'œil, la gaîté dans vos cœurs,
Vous faites en tous lieux pour égarer les masses
Le signe de la croix ! O grands inquisiteurs...
Vous prêchez l'abstinence en faisant le contraire,
Vous avez pour sortir voitures de gala,
Vous êtes : cardinal, évêque, grand-vicaire !... 
Jésus-Christ, fils de Dieu, n'était pas tout cela... }bis.

### IV.

Depuis longtemps déjà sur vous la foudre gronde,
Dieu de votre conduite est des plus mécontents.
Ne croyez pas toujours pouvoir mener le monde,
Et faire, à volonté, la pluie et le beau temps.
De toute chose ici vous voulez être maître,
Vous vivez en seigneurs, grâce à tous vos exploits.
La mort vient vous trouver au milieu du bien-être, }bis.
Jésus-Christ, fils de Dieu, mourut sur une croix,

### V.

Calotins, à vous seuls vous faites une espèce,
Vous êtes noirs dehors, vous êtes noirs dedans,
Et vous allez partout battant la grosse-caisse
Pour attirer les sots, pour tromper les croyants.
A Paris, à Berlin, à Londres, à Rome, à Sparte,
Jusque chez les Chinois partout on vous connaît.
Vous avez soutenu l'infâme Bonaparte !
Jésus-Christ, fils de Dieu, lui ne l'aurait pas fait. }bis.

### VI.

Prêtres, hiboux, béats, qui marchez en arrière,
Valets, vous dont les chefs apprennent à plier,
Votre échine servile appelle l'étrivière,
Vous êtes faits pour vivre au même râtelier.
Encenseurs de tyrans, de règne monarchique,
Vassaux obéissants à chaque souverain.
Gredins, vous insultez toujours la République
Et pourtant Jésus-Christ était Républicain !! }bis.

## CHANSONS RÉPUBLICAINES DE BOILEAU

Dédiées et publiées sous le patronage

Du grand poète V. HUGO et de l'illustre général GARIBALDI

*Toutes les Chansons sont en vente*

PRIX : 10 centimes pièce ou 1 franc 50 le volume complet

Écrire simplement à M. BOILEAU, poète-chansonnier, à Avignon.

---

# Si Jésus-Christ le savait

Chanson anti-cléricale, chantée par l'auteur,

## PAROLES ET MUSIQUE DE BOILEAU

Ancien Berger à Valencin, canton d'Heyrieux (Isère).

4ᵉ Édition, revue et corrigée.

## I.

On nous fait croire aujourd'hui, dans l'église,
Que pour avoir un petit coin au ciel,
Il faut payer lorsque l'on nous baptise ;
Il faut payer, c'est un ordre formel.
Il faut payer, à chaque ministère,
Pour le mourant et pour l'enfant qui naît ;
Il faut payer quand on nous porte en terre ;
Ah ! si jamais Jésus-Christ le savait ! (*bis.*)

## II.

Le Fils de Dieu, pour prêcher la morale,
Marchait pieds nus tout comme un indigent ;
Mais, aujourd'hui, la troupe cléricale,
Porte un habit couvert d'or et d'argent.
Sur les autels, avec magnificence,
Les vases d'or s'étalent à souhait ;
Jusqu'au Saint-Lieu nous voyons l'opulence ;
Ah ! si jamais Jésus-Christ le savait ! (*bis.*)

### III.

D'un gros richard, ce sont les funérailles,
Entendez-vous chanter *Alleluia!*
Tout le clergé rassemble ses ouailles,
Car, pour chanter bien cher on le paya !
D'un malheureux, quand vient l'heure dernière,
Sur ses débris que chacun méconnaît,
On balbutie un semblant de prière ;
Ah ! si jamais Jésus-Christ le savait ! (*bis.*)

### IV.

C'est défendu, de par l'Etre suprème,
De faire gras ; ces Messieurs nous l'ont dit.
Si vous payez pendant tout le carème,
De faire gras, ce n'est pas interdit.
Soir et matin ils prêchent l'abstinence ;
Mais, quand je veux manger ce qui me plait,
Pour de l'argent j'obtiens une dispense ;
Ah ! si jamais Jésus-Christ le savait ! (*bis.*)

### V.

Le Temple Saint s'exploite avec audace,
Car la prière est vendue à tout prix ;
Comme au concert, ils font payer la place,
Pour un sermon devant le crucifix.
Bien rarement de leurs mains on échappe !
Avec de l'or, le ciel on nous promet.
Nous les voyons mendier pour le pape ;
Ah! si jamais Jésus-Christ le savait ! (*bis.*)

### VI.

Le Christ a dit : que tout homme soit frère.
Et chaque jour on livre des combats.
Napoléon, dans une horrible guerre,
A lâchement vendu tous nos soldats ;
Devant la Prusse, il a mis bas les armes ;
Le traître un jour, subira son forfait ;
Bien des Français versent encore des larmes.
Ah ! si jamais Jésus-Christ le savait ! (*bis.*)

# CHANSONS RÉPUBLICAINES DE BOILEAU

Dédiées et publiées sous le patronage

Du grand poète V. HUGO et de l'illustre général GARIBALDI

*Toutes les Chansons sont en vente*

**PRIX : 10 centimes pièce ou 1 franc 50 le volume complet**

Écrire simplement à M. BOILEAU, poète-chansonnier, à Avignon.

---

# Que les Cafards sont heureux

Chanson comico-satirique, chantée par l'auteur,

PAROLES ET MUSIQUE DE BOILEAU

Ancien Berger à Valencin, canton d'Heyrieux (Isère).

**2ᵉ Edition.**

## I.

Évèques, cardinaux, jésuites,
Curés, vicaires, sacristains,
Capucins, marchands d'eaux bénites,
Bedeaux, frères ignorantins,
C'est un mystère impénétrable,
Ils se dévorent même entre eux.
Ces gens-là n'ont pas peur du diable.
Que les cafards sont donc heureux !

## II.

Ils disent sans cesse : Mes frères,
Vous ne venez plus au saint-lieu.
Ils sont toujours dans les prières,
Adorant et la Vierge et Dieu.
Grâce à leur vie expiatoire,
En mourant ils vont droit aux cieux,
Sans passer par le purgatoire.
Que les cafards sont donc heureux !

### III.

Lorsque l'on va dans leur église,
Pourvu que l'on ait de l'argent,
Faut-il enfin que je le dise,
Pas un d'entr'eux n'est exigeant.
Ils vendent messes et dispenses,
Pour nous ils sont très-généreux
En nous vendant des indulgences
Que les cafards sont donc heureux !

### IV.

Leur portier s'appelle saint Pierre,
Tenant les clefs du Paradis ;
Ils n'obéissent qu'au saint Père.
Ce sont des valets très-soumis ;
Du ciel pour eux ouvrant la trappe
On exauce toujours leurs vœux ;
Ils n'ont plus les pièces du Pape.
Que les cafards sont donc heureux !

### V.

De l'église tous les cosaques
Mettent la main au bénitier
Pour bénir Pierre, Paul ou Jacques ;
Que voulez-vous, c'est leur métier.
Allez les voir dans leurs chapelles,
On dit qu'ils ont l'air très-pieux
En confessant les demoiselles.
Que les cafards sont donc heureux !

### VI.

D'un saint nous n'avons pas la vie,
Ici-bas nous sommes damnés ;
Du Paradis je vous parie
Qu'on nous ferme la porte au nez.
Ils nous racontent dans leur bible
Les faits les plus miraculeux,
Pour eux le Pape est infaillible.
Que les cafards sont donc heureux !

# CHANSONS RÉPUBLICAINES DE BOILEAU

Dédiées et publiées sous le patronage
Du grand poète V. HUGO et de l'illustre général GARIBALDI

*Toutes les Chansons sont en vente*

**PRIX : 10 centimes pièce ou 1 franc 50 le volume complet**

Écrire simplement à M. BOILEAU, poète-chansonnier, à Avignon.

# Si j'étais le Choléra

Chanson comico-satirique, chantée par l'auteur,

## PAROLES ET MUSIQUE DE BOILEAU

Ancien Berger à Valencin, canton d'Heyrieux (Isère).

1. Il existe une affreuse épidémie
Qui trop souvent ravage des pays ;
Fléau terrible, étrange maladie,
Le plus cruel de tous les ennemis.
Le pauvre peuple, hélas ! qu'elle mutile,
Attend la mort qui souvent l'effleura ;
Mais je voudrais être bien plus utile,
    Si j'étais le choléra !...

2. J'attaquerais d'abord les journalistes,
Qui font savoir ce qu'ils ne savent pas ;
Et puis aussi ces mauvais aubergistes,
Servant du chat en civet au repas.
Les médecins risquent nos existences
Tout en disant : je crois qu'il guérira ;
J'attraperais ces vendeurs d'ordonnances,
    Si j'étais le choléra !...

3. Je tomberais sur toute la canaille,
En épargnant seuls les honnêtes gens ;
J'assaillirais tous ceux qui font ripaille,
Pendant qu'on voit mourir des indigents ;
Je saisirais les rois qui font la guerre,
Et Bonaparte, ce vil scélérat,
Disparaîtrait bientôt de dessus terre,
    Si j'étais le choléra !...

4.  Les faux maris trompant leurs pauvres femmes
    Seraient par moi sans pitié vite pris ;
    Et je voudrais prendre aussi ces infâmes
    Qui, sans pudeur, font... rougir leurs maris.
    J'épargnerais les sages demoiselles.
    On pourra dire alors ce qu'on voudra ;
    Mais, j'atteindrais tous les gens infidèles,
        Si j'étais le choléra !...

5.  J'irais là-bas visiter la Pologne,
    Pour arrêter des Russes le succès ;
    Mais, en touchant le Cosaque qui grogne,
    J'excepterais les pauvres Polonais.
    Quant aux tyrans... Ah ! ma foi, je m'en fiche,
    Car avant peu leur règne finira ;
    Mais je voudrais prendre le mauvais riche,
        Si j'étais le choléra !...

6.  J'irais aussi dans l'Alsace en Lorraine ;
    Dans ce pays vendu par des vauriens,
    Pour délivrer nos frères qu'on enchaine,
    J'agrafferais tous ces gueux de Prussiens.
    On me verrait agir avec franchise,
    Car je prendrais, n'étant pas un ingrat,
    Les faux dévots que l'on voit dans l'église
        Si j'étais le choléra !...

7.  Je détruirais toute chose inutile,
    Les vils flatteurs et tous les courtisans ;
    En attrapant les faiseurs de Concile,
    Je voudrais bien tomber sur les couvents.
    Je saisirais et le pape et sa suite,
    En me moquant de ce qu'on en dira ;
    Et je voudrais prendre enfin le jésuite,
        Si j'étais le choléra !...

8.  Je dois finir ici pour mille causes,
    Car je ne veux pas trop vous alarmer ;
    Mais je voudrais faire encor bien des choses
    Que le devoir me défend de nommer ;
    J'en vois plus d'un que ma chanson rend triste,
    Pourtant, je crois que nul ne sifflera,
    Car, je prendrais ceux qui sifflent l'artiste,
        Si j'étais le choléra.

# CHANSONS RÉPUBLICAINES DE BOILEAU

Dédiées et publiées sous le patronage
Du grand poète V. HUGO et de l'illustre général GARIBALDI

*Toutes les Chansons sont en vente*

**PRIX : 10 centimes pièce or 1 franc 50 le volume complet**

Ecrire simplement à M. BOILEAU, poète-chansonnier, à Avignon.

# C'est de l'Or qu'il vous faut

Chanson anti-cléricale, chantée par l'auteur,

## PAROLES ET MUSIQUE DE BOILEAU

Ancien Berger à Valencin, canton d'Heyrieux (Isère).

**3ᵉ Edition.**

Airs : *Quand on a pas le sou* (BOILEAU) et de : *La chasse aux pièces de cent sous* (POURNY).

## I

Faut-il vous rappeler Jésus passant sa vie
A prêcher la douceur, la paix, la modestie,
L'aumône, le pardon, l'amour, l'espoir en Dieu,
Et toutes les vertus dont le Pape a si peu ?
Il ne voulut jamais dans son humble existence
Qu'on lui donnât les noms de Grandeur, d'Eminence.
Il vécut pauvrement : c'est la loi du Très-Haut ;
Mais, prêtres d'aujourd'hui, c'est de l'or qu'il vous faut !

## II

Vous réclamez de l'or en servant la pratique,
Votre église vous sert à présent de boutique ;
De tout, sans hésiter, vous faites un trafic,
Pour attraper l'argent de ce pauvre public.
Tout bas vous nous traitez de mauvaise canaille ;
Cessez vos faux discours que tout un peuple raille ;
En nous parlant latin, vous nous parlez l'argot,
Nous n'y comprenons rien : c'est de l'or qu'il vous faut

### III

Rien n'est sacré pour vous, tout vous est marchandise,
Car nous ne pouvons pas entrer dans votre église
Sans donner de l'argent, sans payer pour s'asseoir,
Payer pour voir le Christ, l'autel est un comptoir ;
Pendant que de Jésus on songe à la misère,
Dans la maison de Dieu vous vendez la prière,
Oraisons, messes, croix et sans payer l'impôt,
Vous vendez à tout prix : c'est de l'or qu'il vous faut !

### IV

Tremblez, prêtres du pape, ô race de vipères !
Vous voulez nous tromper comme on trompa nos pères !
Hypocrites parés du beau nom de chrétiens,
Vous vous croyez encore au siècle des païens.
Vous paraissez avoir, pour tous, de l'indulgence,
Vos lèvres sont de miel ! mais c'est de l'insolence !
Car votre bouche ment... comme ment un bigot !
Votre cœur est de fiel !... c'est de l'or qu'il vous faut !

### V

Pour manger ce qu'on veut pendant tout le carême,
Il nous faut un permis signé du pape même ;
A Rome on vend de tout aux vivants comme aux morts,
Et pour aller au ciel on vend des passe-ports.
Allons ! sans plus tarder, cafards, prenez la fuite,
Tout le monde connaît votre étrange conduite.
Vous prenez le chrétien pour un pauvre nigaud,
Car, pour adorer Dieu, c'est de l'or qu'il vous faut !

### VI

On voit régner chez vous l'orgueil et l'avarice,
Vous vendez du bon Dieu le pardon, la justice !
Chaque jour sans rougir vous empochez l'argent
Que les cœurs généreux donnent pour l'indigent.
Vous vendez de la Vierge une faveur banale,
A la fille sans mœurs vous vendez la morale ;
Le riche, le fripon, l'hypocrite, le sot,
Sont vos meilleurs amis : c'est de l'or qu'il vous faut !

Toulon — Typ. LAURENT, rue Nationale, 49.

# Ce que c'est qu'un Roi !!!

## CHANSON RÉPUBLICAINE

Dédiée à ceux qui prennent pour devise ces trois mots sacrés
que bien des hommes ne savent pas lire

**Liberté! Égalité!! Fraternité!!!**

Ce qui veut dire pour les défenseurs du Trône et de l'Autel :

Autorité, Féodalité, Servilité, Despotisme, Fanatisme, Jésuitisme.

**PAROLES ET MUSIQUE DE BOILEAU**
Ancien Berger à Valencin, canton d'Heyrieux (Isère).

**4e Edition.**

### I.

Un roi : c'est une armée entière
De vassaux et de courtisans,
C'est une suite familière
Où l'on ne voit que fainéants.
Nous avons toutes les détresses,
Lui, gorgé d'or, il a de quoi
Payer des valets, des maîtresses.
    Voilà ce que c'est qu'un roi.

### II.

Un roi : veut tout en abondance,
Quand ses sujets n'ont pas de pain. ...
C'est le peuple dans l'ignorance,
Et qu'on laisse mourir de faim.. ..
A nos pieds il rive l'entrave,
Pour mieux nous tenir sous sa loi.....
La nation est son esclave.
    Voilà ce que c'est qu'un roi,

### III.

Un roi : pour tous c'est un despote,
C'est l'adversaire du progrès,
Le protecteur de la cocotte,
Des petits crevés, des laquais ;
C'est une guerre en permanence,
C'est tous les peuples en émoi.....
C'est la ruine de notre France.
    Voilà ce que c'est qu'un roi.

### IV.

Un roi · c'est un cosaque, un russe,
Ecrasant tous les Polonais.
Ce sont les tyrans de la Prusse,
Volant la France et les Français ;
C'est le soutien des hypocrites,
Des traîtres vendeurs de leur foi.....
Du pape et de tous les jésuites,
    Voilà ce que c'est qu'un roi ! !...

### V.

Un roi : peuples, ce n'est qu'un maître
Qui peut nous vendre à chaque instant ;
C'est un mouchard, un lâche, un traître,
C'est Strasbourg, c'est Metz et Sédan ;
De l'Angleterre ou du Hanovre,
Français, Prussien et quel qu'il soit
Il mange la sueur du pauvre.
    Voilà ce que c'est qu'un roi.

### VI.

Un roi : c'est une tyrannie,
C'est le règne des oppresseurs,
Le restant de la barbarie,
C'est l'ennemi des travailleurs.
Nous avons horreur du servage.....
De la noblesse c'est l'emploi.....
Jurons ici plus d'esclavage,
    Plus de tyrans ! Plus de roi ! !...

# Ce que je ferais

Chanson satirique, chantée par l'auteur,

PAROLES ET MUSIQUE DE BOILEAU
Ancien Berger à Valencin, canton d'Heyrieux (Isère).

**5<sup>e</sup> Edition revue et corrigée.**

1.  Si j'étais Dieu, l'être suprême,
    Celui qui peut rendre immortel,
    Moi, je voudrais à l'instant même
    Des élus faire ici l'appel.
    Car en tous lieux sur cette terre,
    Au malheureux je donnerais
    Pour vivre au moins le nécessaire.
        Voilà ce que je ferais.

2.  Tous les souverains font bombance,
    Peuples, nous payons le festin ;
    Pendant qu'ils sont dans l'opulence,
    Les pauvres gens meurent de faim...
    Ceux qui nous ont mis sur la paille,
    Sans hésiter, moi je voudrais
    Les chasser comme la canaille.
        Voilà ce que je ferais.

3.  Je délivrerais la Lorraine,
    Metz, Strasbourg et les Alsaciens,
    Et je voudrais purger la plaine
    De ces insectes de Prussiens
    J'irai de suite à Varsovie,
    Pour protéger les Polonais,
    Je renverserais la Russie.
        Voilà ce que je ferais.

4.  Pauvre République française,
    Les tyrans voudraient l'égorger,
    Mais en chantant la *Marseillaise*,
    Nous sommes là, pour la venger.
    Je voudrais réduire en poussière,
    Les rois, leurs trônes, leurs palais,
    La paix remplacerait la guerre.
        Voilà ce que je ferais.

5.  Je saperais les royalistes,
    Je voudrais aussi balayer
    Ces infâmes Bonapartistes,
    Lebœuf, Bazaine, Ollivier,
    L'ex-empereur, l'impératrice,
    Tous ces vauriens, je les mettrais
    Entre les mains de la police.
        Voilà ce que je ferais.

6.  Je supprimerais les jésuites,
    Ces descendants de Loyola,
    Et tous les marchands d'eaux bénites
    Que nous voyons toujours par là.
    Pour faire cesser l'arrogance
    Des cafards ; je les chasserais
    Du sol de notre belle France.
        Voilà ce que je ferais.

7.  Toute la bande monarchique
    Serait chassée avec les rois.
    Je détruirais aussi la clique
    De l'ex-Napoléon trois.
    Enfin pour que rien ne m'échappe,
    Pendant qu'à Rome je serais,
    Moi, j'escamoterais le pape.
        Voilà ce que je ferais.

8.  Je formerais une alliance
    Entre Français, Italiens.
    Et l'Italie avec la France,
    Aurait les mêmes citoyens.
    Garibaldi, l'homme héroïque,
    Sans crainte, je le nommerais
    Président de la République.
        Voilà ce que je ferais.

# Ils vendent Jésus-Christ

Chanson anti-cléricale, chantée par l'auteur,

## PAROLES ET MUSIQUE DE BOILEAU

Ancien Berger à Valencin, canton d'Heyrieux (Isère).

AIRS: *quand on a pas le sou* (BOILEAU) et de: *La chasse aux pièces de cent sous* (POURNY).

### I.

Les fils de Loyola s'abreuvent d'amertumes,
Pour insulter le juste, ils ont divers costumes
Représentant Judas. Ces tartufes nouveaux
Portent, pour se cacher, le masque des dévots.
L'église du bon Dieu sert toujours de buvette,
Pour se laver les mains ils trouvent la cuvette ;
Comptant sur l'ignorance et les pauvres d'esprit,
Ils vendent Jésus-Christ ! Ils vendent Jésus-Christ !

### II.

Les âmes sont pour eux des bourses et des banques,
Exploitant riche et pauvre, on voit ces saltimbanques,
Bénissant et le juste avec les assassins,
Et de l'antiquité parodiant les saints.
On les trouve partout, dans toutes les cavernes,
Pitres, dévots, marchands d'infâmes balivernes
Avec celui qui pleure, avec celui qui rit,
Ils vendent Jésus-Christ ! Ils vendent Jésus-Christ !

### III.

Pour attirer les sots, pour charmer les bigotes,
Ces grimauds dépravés vont faire des ribotes,
Avec leurs sacristains, avec leurs marguilliers,
Et dans les temples saints ébranlent les piliers.
Ils disent : je suis saint; ange, vierge et jésuite,
Et quand ils ont trempé leurs doigts dans l'eau bénite
Pour faire de l'argent avec le Saint-Esprit,
Ils vendent Jésus-Christ ! Ils vendent Jésus-Christ !

### IV.

Tous ces vils brocanteurs mériteraient la verge,
Parce qu'ils vont partout vendant la Sainte-Vierge.
Ils ont pour l'indigent des miracles d'un sou,
Ils en ont à tous prix sortant on ne sait d'où.
Bateleurs de l'autel, ces valets de Caïphe,
Se font les mendiants de leur divin Pontife,
En nous disant voyez la Bible : c'est écrit!
Ils vendent Jésus-Christ ! Ils vendent Jésus-Christ !

### V.

Ils ont pendant vingt ans soutenu ce féroce,
Celui qui fit tuer le peuple à coups de crosse,
Ce mandrin qu'on nomma Napoléon dernier,
Qui se lavait les mains dans l'eau du bénitier !
Du grand républicain ils vendent le martyre,
Ils vendent aux croyants ses larmes, son sourire,
A cette femme en pleurs la veuve d'un proscrit,
Ils vendent Jésus-Christ! Ils vendent Jésus-Christ !

### VI.

Ces prêtres, pour avoir des palais, des carosses,
Pour boire le bon vin et pour dorer leurs crosses,
Pour faire un bon repas assis près d'un bon feu.
Pour avoir des honneurs, ils vendent le bon Dieu.
Ils vendent la prière à la nature morte,
Comme du Paradis le droit d'ouvrir la porte ;
C'est de tous nos chagrins que leur bonheur fleurit,
Ils vendent Jésus-Christ! Ils vendent Jésus-Christ !

# A la Lanterne

Chanson satirique, chantée par l'auteur,

## PAROLES ET MUSIQUE DE BOILEAU

Ancien Perger à Valencin, canton d'Heyrieux (Isère).

Air de la *Canaille* (DARCIER).

### I.

Pendant vingt ans, le peuple en France,
A reçu des coups de bâton,
On nous imposait le silence,
Par ordre d'un Napoléon ;
Car c'est ainsi qu'elle gouverne,
Cette famille de tyrans.
    A la lanterne ! !...
    Tous ces brigands ! !..

### II.

Guerre à ce traître de Bazaine,
Guerre à tous les capitulards.
Ceux qui nous ont mis dans la peine,
Sans même compter les milliards.
Peuple, c'est ainsi qu'on te berne,
Après avoir volé tes biens.
    A la lanterne ! !...
    Tous ces Prussiens ! !..

### III.

Tous les trafiquants de l'église,
Parlent au nom de l'indigent,
Et de tout ils font marchandise,
Pour nous attraper notre argent.
Devant Dieu que l'on se prosterne
Mais n'écoutons pas ces bavards.
        A la lanterne ! !...
        Tous ces cafards ! !..

### IV.

A la lanterne les jésuites,
Ces vauriens, tous ces charlatans,
Ces fainéants, ces hypocrites,
Qui se cachent dans les couvents.
Regardez donc leur air paterne,
Toujours ils nous trompent ainsi.
        A la lanterne ! !..
        Le pape aussi ! !..

### V.

Les rois commandent leur royaume,
A coups de fusil, de canon,
Et Napoléon et Guillaume,
D'assassins méritent le nom.
Ces vils bourreaux du temps moderne,
Gendarmes, prenez-moi cela.
        A la lanterne ! !..
        Tous ces gens-là ! !..

### VI.

Inscrivons sur une pancarte,
Les lâches et les vagabonds,
Ceux qui s'appellent Bonaparte.
Tous ces traîtres, tous ces fripons,
Cette vengeance nous concerne,
Français, tirons sur ces coquins.
        A la lanterne ! !..
        Ces assassins ! !..

# Ceux que je n'aime pas

Chanson satirique, chantée par l'auteur,

## PAROLES ET MUSIQUE DE BOILEAU

Ancien Berger à Valencin, canton d'Heyrieux (Isère).

4ᵉ Edition, revue et corrigée.

### I

Ecoutez-moi : Je veux faire connaître,
Sans hésiter, ceux que je n'aime pas !
Dans un instant, vous me croirez peut-être,
Je ne suis pas un faiseur d'embarras.
Dans l'opulence ou bien dans la misère,
En regardant du haut jusques en bas,
Tous les vauriens qui sont sur cette terre ;
Voilà, Messieurs, ceux que je n'aime pas !

### II

Je n'aime pas la créature infâme,
Qui fait ici métier de l'impudeur.
Non, non, jamais, je n'appellerais femme
L'être qui vit du fruit du déshonneur.
Et celle aussi qui bien trop souvent donne
A son mari des baisers de Judas.
Bien moins que l'autre il faut qu'on la pardonne ;
Voilà, Messieurs, ceux que je n'aime pas !

### III

Je n'aime pas tous ces tas de jésuites.
Adorant l'or, prêchant la pauvreté ;
Devant l'autel, ils font les hypocrites,
Pour la sottise et l'imbécilité.
Ils suivent bien les préceptes du pape ;
Malgré le jeûne on les voit tous très-gras,
Leurs beaux discours sont toujours une attrape ;
Voilà, Messieurs, ceux que je n'aime pas !

### IV

Je n'aime pas tous ces Bonapartistes
Qui nous ont fait sauter comme un pantin.
Empereurs, rois, papes et monarchistes,
Ces êtres-là, c'est la bande à Mandrin.
Tous ces Français qui se sauvaient de France
Quand la Patrie était dans l'embarras,
Tous ces sabreurs, ces rois de l'ignorance ;
Voilà, Messieurs, ceux que je n'aime pas !

### V

Je n'aime pas ni Bismarck ni Guillaume,
Massacrant tout par la grâce de Dieu ;
Pour agrandir chaque jour leur royaume,
A leurs valets ils commandent le feu.
Je pleure, hélas ! les victimes des guerres,
Ceux qui sont morts de misères là-bas.
Je voudrais voir leurs bourreaux aux galères ;
Voilà, Messieurs, ceux que je n'aime pas !

### VI

Je n'aime pas ce traître de Bazaine,
Livrant l'armée et puis Metz aux Prussiens.
Vite du fer pour forger une chaîne,
Qui doit servir aux voleurs de nos biens.
Napoléon est de tous le plus lâche,
Il a vendu la France et ses soldats,
Nous connaissons aujourd'hui notre tâche ;
Voilà, Messieurs, ceux que je n'aime pas !

# Le bon Roi Henri !

Chanson faite pour l'instruction du peuple,

**D'APRÈS LES ORDONNANCES ROYALES ET SACRÉES DE HENRI V**
FUTUR *Roi* NI *de France* NI *de Navare.*

PAROLES ET MUSIQUE DE BOILEAU
Ancien Berger à Valencin canton d'Heyrieux (Isère).

Air du *Roi d'Yvetot.*

1.   Français, nous allons être heureux
     Si l'on en croit l'oracle,
  Henri cinq va combler nos vœux
     C'est l'enfant du miracle.
  Nous serons tous très-satisfaits
     Nos maîtres seront désormais parfaits
  Dieu, quel bon roi, nous aurons là
  Un descendant de Loyola !

2.   Nous aurons du beurre et du miel
     Et des filles dodues,
  Comme il n'en fût jamais au ciel
     Parmi les vierges nues.
  Je crois que notre beau pays
     Va devenir un paradis d'amis
  Dieu, quel bon roi, nous aurons là,
  Un descendant de Loyola !

3.   On dit que Dieu directement
     N'entend plus nos prières,
  Henri cinq va subitement
     Lui conter nos misères.
  De tous nos plus grands débauchés
     On pardonnera les péchés cachés.
  Dieu, quel bon roi, nous aurons là,
  Un descendant de Loyola !

4.   De tout on fera de l'argent,
     On vendra des reliques,
  Puis on sera très-indulgent
     Pour les bons catholiques.
  A l'église on ne voudra plus
     Nous montrer que pour des écus, Jésus.
  Dieu, quel bon roi, nous aurons là,
  Un descendant de Loyola !

5.   Dans ce siècle d'impiété
     On ne voit que profane,
  Riant du *Benedicite ;*
     Voilà comme on se damne.
  Le bon Henri du droit divin,
     Nous fera chanter au lutrin, soudain.
  Dieu, quel bon roi, nous aurons là,
  Un descendant de Loyola !

6.   Pour l'homme incrédule, on sera
     D'une rigueur terrible,
  Tout en bénissant qui croira
     Le bon pape infaillible.
  Et puis en y mettant le prix
     Nous serons tous au paradis, assis.
  Dieu, quel bon roi, nous aurons là,
  Un descendant de Loyala !

7.   Bientôt, je crois, nous nous battrons,
     Il faut qu'on se rattrape.
  On dit qu'a Rome nous irons
     Pour rétablir le pape.
  Défendons le trône et l'autel,
     Nous monterons chez l'éternel, au ciel.
  Dieu, quel bon roi, nous aurons là,
  Un descendant de Loyola !

8.   Le dimanche on obligera
     D'assister à la messe,
  Et puis on nous condamnera
     D'aller tous en confesse.
  Le curé, charitablement,
     Fera payer à chaque instant, comptant.
  Dieu, quel bon roi, nous aurons là,
  Un descendant de Loyola !

2526  Toulon. — Typ. LAURENT, rue Nationale, 49

# CHANSONS RÉPUBLICAINES DE BOILEAU

Dédiées et publiées sous le patronage

Du grand poète V. HUGO et de l'illustre général GARIBALDI

Toutes les Chansons sont en vente

PRIX : 10 centimes pièce ou 1 franc 50 le volume complet.

S'adresser directement à M. BOILEAU, poète-chansonnier, à Avignon.

# QUAND ON N'A PAS LE SOU

## CHANSON

### PAROLES ET MUSIQUE DE BOILEAU

Ancien Berger à Valençin, canton d'Heyrieux (Isère)

Bien souvent à nos yeux, trop faibles que nous sommes,
Les petits avortons ressemblent aux grands hommes ;
Nous confondons, parfois, le juste avec le faux ;
Le lâche, le poltron avec le vrai héros ;
L'imposteur, le fripon, l'impie et le faussaire,
Parmi les gens de bien sont fêtés sur la terre.

### I

Pendant que dans un char bondit le millionnaire,
Le pauvre à l'hôpital va porter sa misère ;
L'impertinent fripon vit bien de charité,
Mais l'indigent honteux meurt dans l'honnêteté.
Jugeant vos qualités toujours d'après la somme,
Quand on est pauvre, hélas ! on n'est pas honnête homme,
Pour un riche fripon on n'a pas de dégoût,
Mais on est délaissé quand on n'a pas le sou !

### II

Voyez ce pauvre enfant qu'un lâche désavoue ;
L'un brille dans un char, l'autre est nu dans la boue
Des laquais, chapeaux bas, se courbent devant lui,

Car, enfin, pour de l'or, ont fait tout aujourd'hui.
Il gaspille son bien dans des festins d'orgie,
Lorsque des malheureux n'ont pas de l'eau rougie ;
Dans ce siècle d'orgueil, d'argent et d'acajou,
On est traité de gueux quand on n'a pas le sou !

III

Dans une église, un jour, croyant être à mon aise
J'allais, sans hésiter, m'emparer d'une chaise ;
Mais un certain bedeau me dit sans bégayer :
Une chaise en ces lieux, monsieur, doit se payer ;
Mettez-vous à genoux sans crainte sur la pierre
Ou bien restez debout si cela peut vous plaire,
Dans la maison de Dieu l'on doit rester debout,
Hélas ! mes bons amis, quand on n'a pas le sou !

IV

En croirai-je mes yeux ! au bout de cette rue...
C'est un enterrement qui se montre à ma vue ;
Pour tout cortège, hélas ! on ne voit que porteurs,
On n'entend pas chanter, pas d'accompagnateurs.
Ah ! c'est un malheureux qu'on porte au cimetière,
Quand on n'a pas d'argent on est seul sur la terre ;
Mais, qu'importe au bon Dieu la pourpre et le bijou ?
On entre au paradis quand on n'a pas le sou !

V

Riche, songe à la mort, cette embûche profonde,
Qui sans les avertir moissonne tout le monde ;
Pourquoi, par tant d'éclat, étonner l'univers ?
Puisque dans le cercueil on est mangé des vers !
Malgré tous les trésors, la majesté si fière
Au jugement de Dieu va devenir poussière,
Au lugubre départ tu regretteras tout :
On ne regrette rien quand on n'a pas le sou ! ! !

# LES ENFANTS DE LA RÉPUBLIQUE
## SOUS LE DRAPEAU FRANÇAIS
Chanson patriotique.
### PAROLES ET MUSIQUE DE BOILEAU,
Ancien Berger à Valençin, canton d'Heyrieux (Isère)

I

Peuple, debout ! la France vous appelle :
De l'esclavage, il faut briser les fers :
La liberté se réveille immortelle,
La liberté se montre à l'univers.
Pour renverser un pouvoir tyrannique,
Qui sur la France a régné pour jamais,
  Les enfants de la République
Ont combattu, sous le drapeau français. (*bis*)

II

Aux opprimés, nous portons l'espérance
Des jours meilleurs que promet l'avenir ;
Quand nous marchons, la liberté s'avance,
Comme un flambeau des siècles à venir ;
Plus de tyrans, plus de lois despotiques
La France veut : fraternité, progrès.
  Les enfants de la République
Ont tout conquis sous le drapeau français. (*bis*)

### III

Géants du Nord, pour votre délivrance
Réveillez-vous, armez vos vétérans ;
Voici venir les soldats de la France,
Dont la massue écrase les tyrans.
Entendez-vous ce chant patriotique
Qu'un peuple libre entonne avec succès ?
      Les enfants de la République
Chantaient ainsi sous le drapeau français. (*bis*)

### IV

Si nous tombons après la foi jurée
On veillera près de notre cercueil,
Et, pour couvrir la victime sacrée,
Notre drapeau, servira de linceuil.
Lève ton front ceint du rameau civique,
O liberté ! tu règnes désormais.
      Les enfants de la République
Régnaient, jadis, sous le drapeau français. (*bis*)

### V

O mon pays, tout l'univers contemple
Ton grand courage à l'heure du danger ;
Les nations élèveront un temple
A tes enfants morts pour les protéger.
Quand nos soldats, au courage héroïque,
Ont combattu pour conquérir la paix,
      Les enfants de la République
Ont su mourir sous le drapeau français. (*bis*)

#### Variante

      Le cri : Vive la République
A retenti sous le drapeau français. (*bis*)

# CHANSONS RÉPUBLICAINES DE BOILEAU

Dédiées et publiées sous le patronage

Du grand poète V. HUGO et de l'illustre général GARIBALDI

*Toutes les Chansons sont en vente*

**PRIX : 10 centimes pièce ou 1 franc 50 le volume complet.**

Ecrire simplement à M. BOILEAU, poëte-chansonnier, à Avignon.

# LA RÉPUBLIQUE UNIVERSELLE

## CHANT DE LA FRATERNITÉ DES PEUPLES

### PAROLES ET MUSIQUE DE BOILEAU,

Ancien Berger à Valençin, canton d'Heyrieux (Isère)

### I.

Peuples, courbés sous d'indignes entraves,
Réveillez-vous à nos mâles accents !
Ne portez plus la chaîne des esclaves,
Brisez vos fers, renversez vos tyrans !
La Liberté, d'une voix solennelle,
Fait retentir l'écho dans le lointain.
    La République universelle
Doit ici-bas sauver le genre humain.

### II.

Plus d'empereur, plus de roi, plus de guerre.
C'est l'humble cri de notre Humanité !
La Paix bientôt descendra sur la terre.
On ne verra que la Fraternité.
Depuis longtemps l'opprimé nous appelle,
Armons nos bras ! Le peuple est souverain.
    La République universelle
Doit ici-bas sauver le genre humain.

### III.

Des travailleurs protégeons l'industrie,
En déployant notre immense drapeau,
Le monde entier, voilà notre patrie !
Qu'à l'univers il serve de flambeau.
Le peuple-roi, partout, fait sentinelle.
De l'avenir il montre le chemin.
    La République universelle
Doit ici-bas sauver le genre humain.

### IV.

Peuples, pour nous, il n'est plus de barrière, !
Voici venir le règne de la Paix.
Le Christ a dit : Que tout homme soit frère..
Sur le passé jetons un voile épais.
Jurons ici la Concorde immortelle.
Et que ces mots soient gravés sur l'airain.
    La République universelle
Doit ici-bas sauver le genre humain.

### V.

Soleil divin, lève-toi sur le monde ;
Astre brillant, perce l'obscurité ;
De tous regards chasse la nuit profonde.
Et qu'en ce jour règne l'Egalité,
En saluant l'union fraternelle.
Les nations se donneront la main.
    La République universelle
Doit ici-bas sauver le genre humain.

# CHANSONS RÉPUBLICAINES DE BOILEAU

Dédiées et publiées sous le patronage

Du grand poète V. HUGO et de l'illustre général GARIBALDI

*Toutes les Chansons sont en vente*

**PRIX : 10 centimes pièce ou 1 franc 50 le volume complet.**

Écrire simplement à M. BOILEAU, poète-chansonnier, à Avignon.

# JE M'EN BATS L'OEIL

## DROLERIE PHILOSOPHIQUE

### PAROLES ET MUSIQUE DE BOILEAU,

Ancien Berger à Valencin, canton d'Heyrieux (Isère)

Lorsque sonnera la trompette
M'annonçant le grand jugement.
Je dirai : Mon affaire est faite.
Il faut partir, partons gaîment.
Qu'importe à moi que l'on m'enterre.
Je n'ai pas besoin de cercueil ;
Qu'on me jette à l'eau, dans la terre,
Je m'en bats l'œil, je m'en bats l'œil !

Mon palais, ma maison dorée,
Se trouve près du paradis ;
Mes laquais, en riche livrée,
Sont avec moi dans mon taudis.
Je me moque de la richesse
De tous ces gens pétris d'orgueil.
Et quand aux titres de noblesse,
Je m'en bats l'œil, je m'en bats l'œil.

J'entends le tonnerre qui gronde,
La terre tremble avec fracas,
On dit que c'est la fin du monde

Qui vers nous arrive à grand pas.
Tôt ou tard il faut qu'on nous fauche,
La boule est déjà sur l'écueil,
Vivre, ou bien passer l'arme à gauche,
Je m'en bats l'œil, je m'en bats l'œil !

On me dit cette balourdise :
Vous êtes fils de Lucifer,
Vous n'allez jamais à l'église,
Vous irez brûler dans l'enfer.
Je n'aime pas la robe noire,
Ces gens là sont toujours en deuil.
Paradis ou bien purgatoire,
Je m'en bats l'œil, je m'en bats l'œil !

Oui, je le jure sur mon âme,
Notre pauvre siècle est tari ;
Dans tout pays, j'ai vu la femme
Cherchant à tromper son mari.
La mienne dépasse les bornes,
A tout homme elle fait accueil,
C'est si commun d'avoir des C.....
Je m'en bats l'œil, je m'en bats l'œil !

Je ne suis pas des plus rebelles,
Surtout en matière d'amour,
Filles, femmes, laides ou belles
Je les prends toutes tour-à-tour.
Enfin, voici la chansonnette
Qu'hier, je fis dans mon fauteuil,
Qu'on la trouve bien ou mal faite,
Je m'en bats l'œil, je m'en bats l'œil !

CHANSONS RÉPUBLICAINES DE BOILEAU

Dédiées et publiées sous le patronage

Du grand poète V. HUGO et de l'illustre général GARIBALDI

*Toutes les Chansons sont en vente*

**PRIX : 10 centimes pièce ou 1 franc 50 le volume complet.**

Écrire simplement à M. BOILEAU, poète-chansonnier, à Avignon.

# HONNEUR A GAMBETTA

HOMMAGE DE L'AUTEUR AU GRAND CITOYEN

CHANSON

PAROLES ET MUSIQUE DE BOILEAU,

Ancien Berger à Valencin, canton d'Heyrieux (Isère

## I

Pour son pays, pour la liberté sainte,
Il accourut de Paris en ballon ;
Des feux prussiens, pour effacer l'empreinte,
Il invoquait le terrible aquilon.
De l'héroïsme, apportant la semence,
Aucun danger, rien ne l'épouvanta ;
Honneur, honneur à ce fils de la France,
Honneur et gloire à Léon Gambetta.

## II

Grand de génie et grand de caractère,
D'un dictateur il n'eut jamais l'orgueil,
Bien au-dessus des trônes de la terre,
Il apparaît brillant sur cet écueil.
Trahis, vendus, nous étions sans défense
Et, malgré tout longtemps il résista !...
Honneur, honneur à ce fils de la France,
Honneur et gloire à Léon Gambetta.

### III

La monarchie et toutes ses idoles,
Ce vil trompeur, ces valets de tyrans
Sont tout surpris de ces nobles  paroles ;
La République a des hommes plus grands !
Nous avons vu bri'ler son éloquence ;
Pour l'opprimé toujours il protesta.
Honneur, honneur à ce fils de la France,
Honneur et gloire à Léon Gambetta.

### IV

La République abolit l'esclavage ;
D'un peuple libre  entendez les clameurs !
Tout va régner sans trouble et sans servage :
La paix, les lois, le travail et les. mœurs.
L'écho dira, sur cette terre immense,
Comment, pour nous, presque seul il lutta !...
Honneur, honneur à ce fils de la France,
Honneur et gloire à Léon Gambetta.

# LA FRATERNITÉ

## CHANSON RÉPUBLICAINE

### PAROLES ET MUSIQUE DE BOILEAU,

Ancien Berger à Valencin, canton d'Heyrieux (Isère)

———

### I

Vous me voyez sur le déclin de l'âge,
Les cheveux blancs et les traits amaigris,
Suivez, enfants, tous les conseils du sage,
Car jamais fou ne porta cheveux gris ;
Tout comme vous, j'ai vécu d'espérance,
Sur l'avenir j'ai souvent médité ;
Mais à mes yeux, chers enfants de la France,
Rien n'est si beau que la fraternité !...

### II

Au temps passé, quand nous faisions la guerre,
Nul, parmi nous, ne craignait le danger,
Et, très souvent, en voyant la misère,
Le pain français secourait l'étranger.
Quand on chantait la gloire et l'espérance,
Nos ennemis, alors en sûreté,
Chantaient aussi, pour leur indépendance,
Rien n'est si beau que la fraternité !...

### III

Voyez déjà, couvert d'un voile sombre,
Notre présent comme notre avenir ;
Mes chers enfants, c'est Dieu qui de son ombre

Couvre le monde ainsi pour le punir.
Le plus grand roi descendra de son trône
En s'écriant : Voici l'éternité !...
Au malheureux chacun fera l'aumône,
Rien n'est si beau que la fraternité !...

### IV

Quand nous serons dans l'éternel asile,
D'où nul de nous ne s'exempte ici-bas,
Nos corps, hélas ! deviendront de l'argile,
Que nos enfants fouleront sous leur pas.
Papes et rois, riches dans l'opulence,
Quand la mort vient règne l'égalité !
Tendez la main au pauvre, à l'indigence,
Rien n'est si beau que la fraternité !...

### V

La mort viendra bientôt faire sa ronde,
Car je suis vieux ; mais dans notre entretien
Je lui dirai : Je pars pour l'autre monde
Fier et content je ne regrette rien.
Mes chers enfants ce n'est rien que la vie,
Et la grandeur et l'immortalité ;
Pour moi, ces mots sont seuls digne d'envie :
Rien n'est si beau que la fraternité !...

### VI

Comme autrefois, France, lève la tête,
A l'univers montre ton front d'airain :
Tu guideras nos pas vers la conquête,
La liberté montrera le chemin !...
Dès ce grand jour, notre chant d'allégresse
Retentira dans la postérité !,..
Chantons en chœur, chantons avec ivresse :
Rien n'est si beau que la fraternité !...

Avignou. — Imp. adm. Grés Frères.

CHANSONS RÉPUBLICAINES DE BOILEAU
Dédiées et publiées sous le patronage
Du grand poète V. HUGO et de l'illustre général GARIBALD

Toutes les Chansons s nt en vente
PRIX 10 cent. pièce ou 1 fr. 5 le volume complet
Écrire simplement à M. BOILEAU, Poète-chansonnier, à Avignon

# LA RÉPUBLIQUE

ET

## SON GOUVERNEMENT

Sur l'air de la chanson politique de : *La Fille de M^me Ango*

### PAROLES DE BOILEAU

Ancien Berger à Valencin, canton d'Heyrieux (Isère)

1.
Pour toujours la race est proscrite
Des rois et de leurs courtisans,
Malgré l'intrigue qui s'agite
Et la fusion des partisans.
Aujourd'hui, dans notre patrie,
Lorsque le peuple est consulté,
Il nous répond . « Démocratie,
Et jamais plus de royauté !

REFRAIN :

Pour soutenir sa politique,
Notre République
Oui, la République
Ferait très-mal assurément
De changer de gouvernement.

*bis*

2.
Les vrais amis de notre France
Sont les gens de l'ordre moral....
Qui disent avec impertence :
« En République tout va mal. »
Ils voudraient rétablir le pape :
La France fournirait l'argent...
A Rome on met déjà la nappe
Avec l'avoir de l'indigent !...

3.  Dans le cœur de nos cathédrales,
On reçoit de nos députés
Ducs et barons sont dans les stalles,
Et leurs vassaux de tous côtés.
Si l'on exauçait leur prière,
Notre France, dans quelques jours,
Ne serait plus qu'un séminaire
Où l'on serait chaste toujours !...

4.  Là-bas, dans sa pauvre demeure,
On nous dit que depuis longtemps,
La nuit, le jour, le pape pleure
Et qu'on l'accable de tourments.
Des pèlerins s'en vont à Lourdes
Demander à grands cris un roi.
Ils reviennent munis de gourdes
Pleines d'eau ranimant la foi.

5.  Nous avons toutes sortes d'êtres
Grands et petits jeunes et vieux ;
Des flatteurs, des valets, des maîtres ;
Enfin des gens mystérieux.
Nous avons un beau militaire,
Dont le choix paraît des mieux faits ;
Et puis encore un ministère,
Qui commende tous nos prefets !

6.  Toujours on conspire à la ronde,
Avec collets verts, bleus ou blancs !
Sans la perruque brune ou blonde,
On reconnaît les prétendants.
Ne voulant plus ni roi ni reine,
Ni descendant de Loyola,
Notre France républicaine
Se moque de tous ces gens-là.

## CHANSONS RÉPUBLICAINES DE BOILEAU

Dédiées et publiées sous le patronage

Du grand poète V. HUGO et de l'illustre général GARIBALDI

*Toutes les Chansons sont en vente*

PRIX : 10 cent. pièce ou 1 fr. 50 le volume complet

cr ire simplement à M. BOILEAU, poète-chansonnier, à Avignon

# SI JE POUVAIS

Chanson satirique

## PAROLES ET MUSIQUE DE BOILEAU

Ancien Berger à Valencin, canton d'Heyrieux (Isère)

Airs : *Ne Jouons pas avec le cœur* ou *les Rubans d'une Alsacienne*

### I.

Si je pouvais, je ferais reparaître
Un âge d'or dans tout notre univers.
Plus de fripons, de valets, ni de maîtres,
Plus de méchants et plus d'hommes pervers
L'égalité règnerait sur la terre,
On ne verrait bientôt que des heureux;
La paix partout remplacerait la guerre
Si je pouvais faire ce que je veux!

### II.

Si je pouvais, plus de fiel qui dévore,
Plus d'égoïsme ou de rivalité ;
L'usurier même, au malheur qui l'implore
Ferait l'aumône avec sincérité.
Plus de ce siècle où tout se dévergonde,
Plus de monarque au règne scandaleux.
Je chasserais tous les rois de ce monde,
Si je pouvais faire ce que je veux!

### III.

Si je pouvais, plus de mitres, de crosses,
De vêtements couverts d'argent et d'or ;
Plus de palais, de blasons, de carrosses,
De luxe, enfin qui ruine le trésor.
Plus de flatteurs que la puissance honore,
De cabans qui se vendent entre eux ;
Plus de cagots qu'en tous lieux on abhore
Si je pouvais faire ce que je veux !

### IV.

Si je pouvais établir l'équilibre,
Du faible, ici, je serais le soutien ;
Plus de paria, l'esclave serai libre,
Car il aurait les droits du citoyen :
Plus d'oppresseurs, de règne tyranique,
Plus d'exilés, plus de ces malheureux ;
Plus de prison, ni de mort politique,
Si je pouvais faire ce que je veux !

### V.

Si je pouvais, je briserais les chaînes
Qui rivent l'homme à la servilité ;
J'enseignerais les lois républicaines
Dans leur grandeur et leur simplicité ;
Plus d'échafaud, de sanglantes machines
Qui n'ont jamais épouvanté les gueux ;
Je brûlerais toutes les guillotines,
Si je pouvais faire ce que je veux !

### VI.

Si je pouvais, comme en quatre-vingt-treize
Je voudrais voir un Danton, un Marceau,
Pour le sauver, République Française,
Un Desmoulins, un Hoche, un Mirabeau ;
Sous le vaillant drapeau démocratique
Disparaitraient tous ces rois odieux ;
Je fonderais partout la République,
Si je pouvais faire ce que je veux !

CHANSONS RÉPUBLICAINES DE BOILEAU
Dédiées et publiées sous le patronage
Du grand poète V. HUGO et de l'illustre général GARIBALDI

*Toutes les Chansons sont en vente*

PRIX : 10 cent. pièce ou 1 fr. 50 le volume complet

Ecrire simplement à M. BOILEAU, poète-chansonnier, à Avignon

# AU PILORI !

Chanson satirique

## PAROLES ET MUSIQUE DE BOILEAU

Ancien Berger à Valencin, canton d'Heyrieux (Isère)

*Air : Le Dieu des bonnes gens (Béranger)*

### I.

Au pilori, pantins et journalistes,
Qui sans pudeur tournez à tous les vents,
N'étiez-vous pas hier bonapartistes,
Aujourd'hui bleus, demain vous serez blancs
Sous l'étendard de notre République
Nous vous voyons chercher un sûr abri ;
L'homme vendu, le bouillon politique,
  Bien vite au pilori !

### II.

Au pilori, la coureuse de rue,
Qui foule aux pieds l'honneur de ses parents,
Avec cynisme elle se prostitue
Pour un peu d'or aux premiers des passants,
Tous ces crevés, enfin tous ces infâmes,
Qui du boudoir deviennent « le chéri: «
Tous ces vauriens, ces exploiteurs de femmes
  Bien vite au pilori !

### III.

Au pilori mettons aussi les traîtres
Et les cafards avec les intrigants,
Les usuriers, les lâches, les faux prêtres,
Tous les judas, les tartuffes rampants ;
Ceux qui voudraient prendre le prolétaire
Pour un esclave ou pour un favori...
Enfin les gens qui vendent la prière,
    Bien vite au pilori !

### IV.

Au pilori, le charlatan immonde,
Spéculateur de l'incrédulité,
Ces médecins guérissant tout le monde
Et promettant longue vie et santé.
Ces inhumains qui parlent de l'aumône,
Faux vertueux, sages au cœur pourri,
Et que l'on voit presque toujours au prône.
    Bien vite au pilori !

### V.

Au pilori, ces créatures viles,
Mangeant toujours à chaque râtelier,
Ces plats valets aux échines serviles,
Cherchant un maître, afin de se plier ;
Banqueroutiers, fripons, millionnaires,
Vivant du pain que le pauvre a pétri,
Tous les vauriens, les mouchards, les faussaires,
    Bien vite au pilori !

### VI.

Au pilori ceux qui pendant la guerre
Capitulaient devant nos ennemis.
Et ceux aussi qui passaient la frontière
Lorsqu'il fallait défendre le pays.
Strasbourg et Metz ne sont plus sur la carte
Et l'on entend de toutes parts ce cri :
Il faut finir en clouant Bonaparte
    Bien vite au pilori !

# MAUDISSONS NAPOLÉON TROIS

( Châtiment )

## PAROLES ET MUSIQUE DE BOILEAU

Ancien Berger à Valencin, canton d'Heyrieux (Isère)

Airs : *Ne jouons pas avec le cœur* ou *Mussette*

Si nous avons perdu l'Alsace
Et la Lorraine, nos deux sœurs ;
Si le vieillard porte besace ;
Si nous versons encore des pleurs ;
Si la France qui fut prospère
N'est plus la France d'autrefois ;
Si nous sommes dans la misère,
Maudissons Napoléon Trois !

Si nous n'avons plus d'or en France ;
Si l'on a franchi nos remparts ;
Si la Prusse avec arrogance
Nous a fait donner cinq milliards ;
Si l'on nous dit qu'après la guerre
(Soldats, ouvriers et bourgeois),
Le frère a tiré sur son frère ;
Maudissons Napoléon Trois !

Si les Prussiens brûlaient nos villes,
En prenant le droit des plus forts ;
S'ils ont violé nos filles
Et pillé tous nos coffres-forts ;
Si nos soldats dans la campagne
Ont gelé pendant les grands froids,
Et s'ils sont morts en Allemagne,
Maudissons Napoléon Trois !

—

Si l'on raconte que des traitres,
Après avoir volé nos biens,
Lorsqu'ils nous commandaient en maitres
Ont livré la France aux Prussiens ,
Si l'on prépare notre chute,
Levons-nous tous contre les rois.
Grands et petits, pendant la lutte,
Maudissons Napoléon Trois !

—

Si nous avons vu l'Helvétie
Et son peuple au cœur généreux
Recevoir de notre patrie
Cent mille soldats malheureux ;
Si l'on fait tout avec justice,
Si l'on donne à chacun ses droits,
Tout en remerciant la Suisse
Maudissons Napoléon Trois!

—

Si l'on a passé vingt années
Dans l'orgie et le faux plaisir,
La France des grandes journées
Doit songer à son avenir !
Si nous avons en politique,
Des hommes qui vendraient cent fois
Pour un peu d'or la République.
Maudissons Napoléon Trois!

# CE QUE JE N'AI PAS

Chanson comico-satirique

## PAROLES ET MUSIQUE DE BOILEAU

Ancien Berger à Valencin, canton d'Heyrieux (Isère)

Airs : *Ne jouons pas avec le cœur ou les Canards*

### I.

Je n'ai pas de palais en ville,
Et pas de suisse à mon côté ;
Je n'ai pas de liste civile ;
Je ne vis pas de charité.
Je n'ai ni diacre ni vicaire
Qui m'encensent du haut en bas,
Pas de saint, pas de reliquaire :
Voilà tout ce que je n'ai pas !

### II.

Je ne demande pas l'aumône,
Dans l'église, à tous les croyants :
« Tout pour l'autel et pour le trône,
Donnez, charitables vivants :
Pour les âmes du purgatoire ;
Pour la naissance et le trépas.
Je n'ai ni crosse ni ciboire :
Voilà tout ce que je n'ai pas !

### III.

J'ai toujours été très-sincère :
Sans bedeau et sans marguillier,
Quand je veux faire ma prière
Je ne me fais jamais payer.
Je méprise les hypocrites,
Violets ne sont pas bas ;
Je n'ai pas de sœur carmélites :
Voilà tout ce que je n'ai pas !

### IV.

Je vis bien loin des presbytères ;
Mais, quand j'entends dire : « j'ai faim, »
Les malheureux sont tous mes frères,
Et je leur partage mon pain...
Je n'ai pas de vieilles bigottes,
Qui viennent me dire tout bas
Ce qu'elles ont commis de fautes :
Voilà tout ce que je n'ai pas !

### V.

Dans un grenier tout seul j'habite ;
Mes habits ne sont pas dorés,
Je ne reçois pas de visite
De tous ces gens si bien parés ;
Je ne vois pas devant ma porte,
De sentinelle l'arme au bras :
Pour sortir je n'ai pas d'escorte ;
Voilà tout ce que je n'ai pas !

### VI.

Je n'ai pas l'audace de vendre
Le Christ cloué sur la croix,
Je n'ai ni miracle ni cendre ;
Je fais et dis ce que je crois ;
Je ne vois pas de bonnes femmes
Baisant ma main, suivant mes pas ;
Point de ciel pour le vendre aux âmes :
Voilà tout ce que je n'ai pas !

# LES MENDIANTS

( Actualité )
Chanson satirique
## PAROLES ET MUSIQUE DE BOILEAU
Ancien Berger à Valencin, canton d'Heyrieux (Isère)

Airs : *Béranger et l'Aecadémie* ou *Français vous avez tort.*

### I.

Mendicité ! puisqu'elle est interdite.
Pourquoi voit-on des gens tendre la main ?
L'Empire encore mendie un plébiscite,
La royauté mendie un souverain.
Le faux dévot qui toujours nous sermonne,
Pour lui mendie et pour la papauté.
Aux intrigants on ne fait plus l'aumône,
Aux pauvres seuls on fait la charité !

### II.

Des mendiants la dangereuse espèce
Est ici-bas celle des prétendants,
Qui donneraient pour devenir altesse,
Peuple, patrie et tous leurs descendants.
Nous avons pris le sceptre et la couronne,
On bat monnaie à présent de cela !
Aux prétendants on ne fait plus l'aumône.
Que la police arrête ces gens-là

### III.

Les descendan's du roi Louis-Philippe
Sans dire un mot s'approchent souriants.
Depuis longtemps on connaît leur principe ;
Ne sont-ils pas aussi des mendiants ?
Souvenez-vous que le peuple détrône
Tous les tyrans méconnaissant ses droits.
Aux d'Orléans on ne fait plus l'aumône.
Les mendiants sont punis par nos lois.

### IV.

Voyez là-bas ce boîteux qui s'avance,
C'est le bigot, le sacristain Chambord.
Avec l'église il veut régner en France.
Car l'eau bénite est d'un très-gros rapport,
Je dois, dit-il, vous ramener au prône.
Sans la prière on est du ciel banni.
Au droit divin on ne fait plus l'aumône,
Des calotins le règne est bien fini.

### V.

Et maintenant, c'est Napoléon quatre.
Tout est à lui la France et les Français.
Comme un vautour sur nous il veut s'abattre
En répétant l'Empire c'est la paix !
Conspirateur, il croit saisir le trône,
La République arrête l'impudent.
Aux Bonaparte on ne fait plus l'aumône
Ils sont tombés dans la boue à Sedan !

Marseille.— Imprimerie J. DOUCET, Rue Fontaine-St-Lazare. 5.